賢者たちのメッセージ

エドガー・ケイシーに学んだこと

Spiritual blessings from Edgar Cayce.

光田 秀 編著

PHP

まえがき

本書は、米国の霊覚者エドガー・ケイシー（Edgar Cayce：1877～1945）に深い関心を寄せる8人の識者の方々とのインタビューをまとめたものです。

これらのインタビューはもともとＮＰＯ法人日本エドガー・ケイシーセンターの会誌『Oneness』に掲載されたものですが、縁あって知遇を得ましたＰＨＰ研究所の方から「これだけ錚々《そうそう》たる顔ぶれの方々のインタビューを会誌の中だけにとどめておくのはもったいない。ぜひ一冊にまとめて出版しましょう」というお話をいただき、このたび、このような形で新書判にまとめ、広く一般に向けて刊行することになりました。日本においてエドガー・ケイシーの業績の普及啓蒙を行なっているＮＰＯ法人の代表者として、こうして出版に至りましたことを大変嬉しく思いますと同時に、本書の出版を通して、より多くの方々にエドガー・ケイシーの素晴らしい情報が届きますことを心より願う次第です。

編集者である私が言うのもおこがましいことですが、あらためてこれら8人の方々のインタビューを読み返してみますと、よくもまあこれだけ充実したインタビューが得られたものだと、人ごとのように感心してしまいます。スピリチュアルな分野からは美輪明宏さん、江原啓之さんが、ビジネスの分野からは船井幸雄さん、斎藤一人さん、五日市剛さんが、また音楽およびアートの分野からは葉祥明さん、小松長生さん、吉元由美さんがインタビューに応じてくださり、それぞれ霊的世界を探求する中で獲得された人生の知恵を披露してくださいました。そしてどの方も、その探求の過程においてエドガー・ケイシーに関心をもたれ、彼の業績から多くを学ばれたことを言明しておられます。読者の皆さまにあらためてエドガー・ケイシーの探求をお勧めする所以でもあります。

本書に収録されたインタビューはその性格上、エドガー・ケイシーという人物と彼の業績については既知のこととして話が展開されています。本書を手に取られた読者の中には、エドガー・ケイシーが何者であるかご存じない方も多いことと思います。

そこで編集者の務めとして、エドガー・ケイシーに関する簡単な解説文を巻末に付けましたので、必要に応じてご参照いただければ幸いです。

本書が読者の皆さまに多大の関心をもって迎えられ、豊かで充実した人生を生きるヒントをわずかでも提供し得たとするなら、編集者としてこれに過ぎる喜びはありません。

最後に、本書の出版に際してご理解とご協力を賜りました皆さまに篤くお礼申し上げます。

平成18年8月

NPO法人日本エドガー・ケイシーセンター

会長　光田　秀

賢者たちのメッセージ◎目次

本文デザイン◎朝日メディアインターナショナル
装丁◎一瀬錠二＋根本佐知子（Art of NOISE）

第1章

江原啓之
(スピリチュアル・カウンセラー)

霊的世界との不思議な交流

PROFILE

江原啓之(えはら・ひろゆき)
スピリチュアル・カウンセラー。
世界ヒーリング連盟会員。
1964年東京生まれ。和光大学人文学部芸術学科を経て國學院大学別科神道専修Ⅱ類修了。1989年にスピリチュアリズム研究所を設立。英国で学んだ学問としてのスピリチュアリズムも取り入れ、カウンセリングを行なう(現在休止中)。主な著書に『幸運を引きよせるスピリチュアル・ブック』(三笠書房)、『人はなぜ生まれいかに生きるのか』(ハート出版)、『いのちが危ない!』(集英社)、『苦難の乗り越え方』(PARCO出版)など、著書多数。また、スピリチュアル・アーティストとしてCDアルバム『スピリチュアル・エナジー』等もリリースしている。公式HP http://www.ehara-hiroyuki.com

霊的能力の目覚め

――先生にご報告ですが、お陰さまで、日本エドガー・ケイシーセンターとしてNPO法人の認証を得ることができました。

江原：そうですか。おめでとうございます。そうなりますと、いよいよしっかりと展開していかなければなりませんね。

――まず江原先生がご自分の霊的能力に気づかれた経緯などをお伺いしたいと思います。

江原：私の場合、ある時期に突然霊能が目覚めたというわけではなく、もちろん霊が視《み》えるようになるのはずっと後なんですが、胎児の時からの記憶があるんです。

お恥ずかしい話ですが、胎児の時に両親が夫婦喧嘩をして、そのときの様子を記憶していたり、胎児として気持ちのよかったこと、不快だったこと、そういう感覚をはっきりと覚えているんです。また幼児期の記憶なんて普通はもっていませんが、私は生まれてからの記憶――たとえば乳児として寝かされたときの気持ち、部屋の様子、そこから見える景色なども、わりと克明に残っているんですね。それを4、5歳くらいになって話すようになると、周囲の人が驚いたりしました。

また、よくありがちなこととして、予知・予言のようなことをしたみたいですね。子どもだから悪気があっていうわけではないんですが、たとえば「あそこのおじいさん、もうすぐ死んじゃうよ」なんていうわけですよ。そしてそれが現実になる。あるいは家のささいなことを予知するんですね。

あるとき、家のタンスから煙が出ているように視《み》えたんです。すぐ母親に「火事だ、火事だ」って知らせるんですが、もちろん実際に煙なんて出ていない。でもそれから数時間後、近くにあった火鉢の熱でタンスが焦げてしまうんです。またあるとき、父親が私に「一緒に自転車に乗ってスイカを買いに行こう」と誘うんですが、私は絶対「うん」といわない。どうしてかというと、そこに血だらけになった父親の顔が視《み》えたんですね。仕方なく一人でスイカを買いにいった父親が、案の定、しばらくして血だらけになって帰ってきました。自転車で転んで怪我をして、スイカも台無しになっていました。

そういうことが次々に起きたのですが、その中でも自分のそういった能力をはっきりと自覚したのは、父親の死でしたね。私は、4歳で父親を亡くすのですが、父親が亡くなる3日前から突然父親に近寄らなくなったんです。それは父親が真っ暗な闇の中にずっと立っていたんですね。それが私にはいたたまれず、不快で、よくわからない状況だったんです。

それまでの私は父親にかわいがられ、どちらかというと、父親にべったりしていた子どもだったのですが、父親が亡くなる3日前からまったく近寄らなかったんですね。子どもだからきちんと言葉で説明はできなかったのですが、そうして父親が亡くなったんですね。こういうことがあって、何か人とは違うのかな、ということを感じるようになりました。

では何歳くらいから霊が視えるようになったかというと、小学校上がった頃はまだなくて、その頃はオーラが視えていたんですね。いつもオーラが視えていたわけではなく、ちょっと集中しちゃうと視えたんです。

――先生の本にもその頃のことが書かれていますね。

江原：子どもだから集中するという感覚はわからないんだけれども、人を見ていると、その人から色が出てくる。それから物にも微細なというか、薄い無機質なオーラがあるんですよ。それで、誰にでも視えるものだと思っていたんですね。

――ケイシーもそうでしたね。

江原：ああ、そうでしたか。

小学生の頃、私は背が高かったので教室の一番後ろに席があったんです。それで前の子どもたちのオーラで黒板が見えなくなっちゃったんです。それで先生に、黒板が見えない、というと、先生は黒板の反射で見えないのだろうと思って、窓側の生徒にカーテンを閉めさせる。するとさらに集中するから余計にオーラで見えなくなっちゃう。こうなると保健室に連れて行かれ、病院に行って、親が呼ばれて家に帰る。母親は先生から「家庭での愛情が足りないんじゃないですか」なんていわれてしまう。

でも母親は、私のそういう話を否定しなかったですね。ただ、そういうことは、あまりいわないほうがいいんじゃないかな、という言い方をしましたね。

それはなぜかというと、母方の曾《ひい》お祖母さんがそういう人だったんです。この曾お祖母さんは、郵便屋さんが自転車で配達に来て、家のポストに郵便を入れると、その音で、誰宛の手紙が来たか、そしてその手紙の内容まで言い当てることができたんです。

――ホー！

江原：それで母親も、私のそういうところを否定しなかったんだと思うんです。でもやんわりと、「いわないほうがよい」と諭されたわけです。そのとき初めて、自分は人とは違うんだ、ということでショックを受けたのを覚えています。

霊が視えるようになったのは、小学校3年生くらいの時だったと思います。

私は下町育ちなんですが、学校の行き帰りに通る交番の前に、いつも防空頭巾を被った親子が立っていたんです。防空頭巾は映画などで見て知っていましたが、私はなんでそんな頭巾をかぶった人が毎日同じ場所に立っているんだろうと、思っていたわけです。

それで、どうしてそんなことをしたのか自分でも理由がよくわからないのですが、あるとき、話しかけてみようと思ったんです。

――ホー！

江原：だって、毎日そこに立っているわけですから、不思議じゃないですか。ですから、ちょっと聞いてみようと思ったんですね。で、聞いてみたんです。

――ええ、ええ、それで。

江原：そしたら、「父親とはぐれてしまったので、待ち合わせているんだ」「父親を探しているんだ」というんです。

――ホー！

江原：私は、「そうなんだ」と思いながらも、「でもなんか変だなあ」と思ったんですが、そしたらそのまま連れてきちゃったんですね。

――えっ、誰を？

江原：その親子を。

――先生のご自宅に？

江原：そうなんです。夜、寝ていると、その親子が家に居るんです。それで、何でこんなところに居るんだ、と思うわけですよ。こういうとき、私は必ず高熱を出すんです。で、高熱を出すと、それがなくなるというか、いなくなるんですね。今思えば、それは無意識の中の、自己浄霊だったんですね。浄化させていたのでしょう。

その頃から、そういうことが続くようになり、すごく虚弱になっていったんです。

またある時、図画の時間にみんなで川原で絵を描いていた時のことですが、「こっち、こっち」という声が聴こえたんです。他の生徒には聞こえないようでしたが、私にははっきり聴こえるんです。それであまりにしつこく声が聴こえるものだから、そっちのほうに行ってみたんです。そこは釣り船を寄せるための船着場みたいな所だったんですが、そこに遺体が浮いていたんです。すぐに先生を呼んで、警察が来ましたね。それは新聞にも出ました。事件ではなかったようですが。

――事故か何かで死んで、自分の遺体を見つけてほしかったのでしょうね。その時は、遺体の霊は見えなかったのですか。

江原：ええ、その時は声だけでした。こういういろんな経験をしたために、子どもながらに、自分は幽霊を視たんだろうか、なんて考えるようになりました。もう、それからはもう枚挙に暇がないくらい、視たり聴いたり、いろんな体験をしましたね。

――そこから始まったんですね。

江原：でも、いったん中学生くらいでなくなったんですよ。

――それは面白いですね。ケイシーも思春期に一度能力を失くすんですよ。

江原：そうですか。

――ケイシーも９歳から10歳くらいで、一度霊を見る力を失うんです。それまでは死者の霊を見たり、妖精を見たり、植物の精霊などを見ていたんですが、思春期に入る頃に、その力を失うんですね。

霊的能力が再覚醒

江原：ほーお、そうなんですか。私はそこからごくごく普通の中学生になれたんです。

――でもオーラはまだ見えたんですよね？

江原：いえ、それも視えなくなりました。ですから、中学時代はごくごく普通の子どもと変わらない学校生活を過ごしましたね。部活に励んだりして、普通の中学生として過ごしていたんですね。でも、そういう生活も3年くらいで終わり、3年生になり受験が近づく頃に、また現れ始めたんです。それはある夢を見たんですね。

私って、実はほとんど夢を見ないんです。夢を見る時は、だいたいもう予知夢的になってしまうんです。

――なるほど。

江原：それは、葬式の夢だったんです。夢の中で自分が遺影をもっている。誰のだろうと思ってその遺影を見ると、自分の母親のなんですよ。夢の中で、「これは夢だ」とわかっているのですが、これは何なんだろうと思いながら目が覚めるんです。

それから1週間しないうちに、母親が体調を崩しまして、それで病院に行きましたら末期の癌だったんですね。医者からは「もって、あと3ヶ月」といわれました。それからは私も病院に通うようになるわけですが、そしたらまた視るようになったんです。

母親の容態がいよいよ悪くなると、私も病院のベンチで夜を明かしたりするわけです。そうすると、病院の廊下に、もう亡くなったはずの人が何人も寝巻き姿で歩いていたりするんです。時には、そういう霊に寝ているところを覗き込まれて、びっくりして目を覚ます、ということもありました。

あの人たちは、自分が死んだということを知らないんです。

母親も、死が近づく頃になると、廊下を歩く霊をときどき見るようになり、「あー、○○さんは元気になられてよかったね」なんて話をするんです。実際、母が見た人というのは、もう亡くなっていたんですが、そのことは母にはいいませんでした。ただ、「母と私は、霊の世界に浸かっているんだなぁ」と思いましたね。

母が亡くなる時にも、こういうことがありました。

私が病院のベンチで横になっていると、先生から、隣の病室で休んでよい、といわれたんです。それで休んでおりますと、母が私を呼ぶ声が聞こえたんです。その声に導かれるように、半ば無意識のような状態で母の病室に行くと、ちょうどその時に母が息を引き取ったんです。母は前から「死に目に会わせたい」といっておりましたので、「ああ、自分の願いを叶えたんだ」と思いましたね。こういうことがきっかけで、また霊と交流するようになったんです。

高校時代にもそういう体験を繰り返しましたが、まだそれほど頻繁ではなかったですね。あの頃は、コックリさんが流行っていて、私がその中に入るといろんな現象が起きるというので、引っ張りだこになりました。今思えば、そうしたことは絶対にしてはいけないことだったのですが、私がやるとロウソクの炎が1メートルくらいパーッと上がったりするんですね。また学校の行き帰りに、川にたくさんの人の手が見えたり、ということもありました。

しかし大学に入ってからは、もう大変なことばかりで、本当に「地獄を見た」っていうような状況になりました。

霊能者としての修行

江原：それで、こういう現象にいつも悩まされていたために、このままではいけないと思い、いわゆる霊能者に見てもらうようになったんです。そうですね、全部で20人くらいの霊能者に見てもらいましたね。どの霊能者に見てもらっても、「ご先祖さまの供養が足りない」とかもっともらしいことをいうんですが、身の回りの霊現象は止まらないんです。

そして最後に私の師匠になる先生にめぐり会ったんです。この先生には、他の霊能者とはまったく違うことをいわれましたね。つまり、その霊現象は、私のほうに問題があるわけではなく、私の霊的な能力に引き寄せられてくるんだと。だから、もしそういう霊現象に悩まされたくないのであれば、自分の能力をコントロールすることを学ばなければならない、と。

でも、私はその言葉だけですぐに信じたわけではないんです。

私の師匠は、「じゃ、これからあなたのお父さんとお母さんをお呼びしてみましょうか」と、いとも簡単におっしゃるんです。普通の民家の、普通の部屋で、しかも真昼間にですよ。彼女の場合は霊言でしたから、霊が降りてくるんです。私は、突然手を握られたりして、とても驚いたりしながらも、「なんかテレビ番組で見たことのある感じだなぁ」と客観的に見ている自分がいたんですね。そして母親の霊が、いろんなことをいうのですが、師匠が知るはずのないことを口にするんです。たとえば、1週間前に風呂場で亡くなった叔父のことを指して、「叔父さんは気の毒だったねぇ」なんて。

そして帰る道すがら、師匠のいわれた言葉をあれこれ思い出すんですが、事実と符合するんです。それで、本当かどうかわからないけれど、私はこの先生を信じてみようと思ったんですね。そして先生のいわれることを実践していくと、自分でも少しずつ能力をコントロールすることができるようになり、楽になっていったんです。先生から「滝行」を勧められると滝行に行ったり、ケイシーもそうだと思うんですが、精神統一のための行をしたり、また、霊のことを知らないからいたずらに振り回されるんだ、ということで、霊についての勉強をしましたね。こういうことをみっちり1年以上は続けました。

それと先生からは、霊的なもので生きるのは大変なので、何かしっかりとした仕事をもったほうがよいとのアドバイスを受け、私は神主の資格を取ることにしたんです。といっても、神主の資格を取ったのは、自分の中で霊的な世界で生きていくという決心が固まってからですが。

私は、霊が視えたり霊能があるから霊能者になったわけではないんです。自分の中にはいつも人生に対する疑念があったんですね。どうして不幸な人がいるんだろう。人生の意味は何だろう、人は何のために生きるのだろう。そういった疑問がいつもあったんです。

というのも、父親と母親が早くに亡くなりましたが、彼らの人生は決して恵まれてはいませんでした。貧しい家柄の二人がやっと結婚し、家庭をもうけたのに、幸薄く亡くなっていく。それで「人生って一体なんだろう」と考えるようになっていったんです。

それと私の場合には心霊的なものがありましたから、それを組み合わせて考えるようになったんです。もし私に心霊的なものがなければ、普通に宗教とか哲学の道に進んだかもしれません。でも、私は自分の霊的なものを組み合わせて、たとえば「神とは何だろう」とか、「霊とは何だろう」「私たちは何のために生まれ、生きるのだろう」「人は死んだあとどうなるんだろう」ということを探求したんです。そして、そういったものを考えていた頃に、スピリチュアリズムというものに出会ったんですね。

それでスピリチュアリズムの本場であるイギリスに度々渡って、学ぶことにしたんです。幸い、私の最初の師匠も、二番目の師匠も「これからの霊能者は拝み屋であってはならない。ちゃんと見識をもつべきだ」という方で、お二人ともイギリスで勉強しておられたんです。

イギリスでスピリチュアリズムを学んだ後、私は下北沢の神社で神主をしておりました。

その頃の日本は、霊能者というと異様ないでたちで、また霊を扱うテレビ番組は視聴率をかせぐ必要もあったのでしょうが、恐怖心をあおるようなものばかりでしたね。特に、霊能者が行なうという除霊には腹が立ちました。憑依しているとはいえ、霊に向かって「おい、貴様」呼ばわりするわけですよ。私は、霊に対するそういう認識を変えたいがために、テレビに登場するようになったんです。

ですから私がテレビに出る場合は、まず柳の木をなくし、ロウソクを外し、おどろおどろしい音楽を止めてもらいました。

――そういえば先生の出られる番組は明るいですね。

誰にでもわかるスピリチュアリズム

江原：また浄霊にしても、霊の話をよく聞いて、納得して出て行ってもらうようにしています。なぜその人に取り憑いているのか、どうして憑依霊にまでなってしまったのか、そういう理由をよく聞いて差し上げ、人間として尊重することを絶対に忘れないようにしています。まあ、こうやって霊能者としての差別化を図っているんですよ（笑）。

私は現在、忙しく仕事をさせていただいておりますが、それでもスピリチュアリズムのほんの薄い部分しか伝えられていないんです。

私は、自分の仕事をお米にたとえて、「スピリチュアリズムの重湯を与える」ことから始めました。スピリチュアリズムの世界には、それこそ玄米に相当するものはたくさんある。でも、初めの頃、誰が読んでも消化不良を起こすことのない「重湯」に相当するものがなかった。だから私は、スピリチュアリズムの話をうんとわかりやすくした本を出したのです。幸い、これらの本はベストセラーになっています。

また、私は霊的な法則ということをよくいいますが、これは私のオリジナルではなく、実際にはスピリチュアリズムの七大綱領と呼ばれるものを現代風にアレンジしなおしただけなんです。スピリチュアリズムというものが、私たちの生活に密接に関係していることを示したかったんです。

こうして重湯が受け入れられたので、本当であれば、お粥やお米が受け入れられるようになっていいはずなのですが、現実はまだそこまでにはなっていませんね。

——それはまたどうしてでしょうか?

江原：日本のスピリチュアリズムは極端に偏っているんです。

——偏っている、というのはどういう意味ですか?

江原：つまり、教典主義なんです。文献にしがみついていて、その枠から離れられないんですよ。たとえば、○○なら、○○絶対主義になって他を排除しちゃう。スピリチュアリズムというのは本来「霊交思想」なんですよ。だからもっともっといろんな角度から研究されるべきものなんです。

ところが日本では、権威主義になったり、霊能者がそれぞれ排他的に独自の団体を作ったり、共通の言語をもたなくなるんです。

教典主義だと、文献をどのように解釈するか、読み方の世界になってしまう。私は実生活に活かしてこそのスピリチュアリズムだと思っていますから、実践スピリチュアリズムなんです。

極端なことをいえば、もうスピリチュアリズムなんていう枠もいらない。霊的真理を広く共有していくことが必要だと思うんです。これからは実用こそが大切だと思うんです。

ケイシーの場合はどうなんですか？

――ケイシーの場合は、その業績の７割近くが健康法や病気の治療でしたから、実用するところに価値のあるものが多いんです。ですから、自ずから実用・実践ということが要求されてきたと思います。こういう医学情報を経て、そこからさらに輪廻転生などのケイシーの霊的な業績を受け入れるようになる人も出てくるわけです。もちろん、私のように、最初からケイシーの説く輪廻転生を受け入れる人もいますが。

江原：それと、ケイシーの業績はよくここまで純粋な形で伝承されてきたと思うんです。それは何か理由があるんでしょうか。

――といわれますと？

江原：たとえば誰かが霊的思想を発表しても、その人が亡くなると、あとはその人の残した文献を研究するだけ、ということが多いと思うのです。

――それは、一つにはケイシーが催眠中に語った言葉はすべて速記され、記録として正確に残されたということがあると思うんです。それから、もう一つは、ケイシーは彼自身が何かを体系的に話すということはなく、依頼者の質問にその都度答えるという形になっているわけです。ですから、研究者がケイシーのリーディング記録から意味のある情報を引き出そうとすれば、それらのリーディングを丹念に調べ、最新の医学情報や心理学、科学知識と照らし合わせて、その時点での結論を得るということが必然的に要求されるんです。ですから、情報としての新鮮さを失わないし、また探求者の探求心を刺激してやまないんだと思うんです。

江原：なるほど、そういうことですか。

――別の角度からもう少し質問させていただきたいのですが、先ほど先生は、ご自分の能力をコントロールすることを学ばれたといわれましたが、具体的にどのようなことを指すのでしょうか。たとえば、ケイシーの場合も、自分の生活の道徳的・倫理的質が落ちると、リーディングの質が落ちるのを知っていたわけです。そのために、聖書を読んだり、瞑想や祈りをしたわけですが、先生はどのようにされているのでしょうか。

江原：おっしゃるとおりです。霊的法則に「波長の法則」というのがあります。高い波長は高い波長に引き寄せられ、低い波長は低い波長に引き寄せられるのです。ですから、霊的に高い世界と交流するためには、こちらも高い意識をもち続けなければならない。

しかし、東京のようなところでそれを実践するのはとても大変です。ですから、私も本当は東京を離れ、もっと静かなところで活動したいと思っているのです。今の私は、テレビに出たり、講演をしたりしていますが、それはある意味で「キャンペーン期間」だと思っているのです。キャンペーンが終わったら、自分の本当の夢の実現に向かいたいと思っています。

――でも、マスコミが先生を手放すとは思えませんが。

江原：いえいえ、テレビに出たいと思っている霊能者はいくらでもいますよ。

――その一方で、先生の本などに「霊能者を撲滅したい」というようなことを述べておられますね。これは、スピリチュアルな法則を学んで行けば、霊能者に頼らなくても人生を切り開いていけるようになる、という意味だと思うんですが。

江原：そうです。私は、今はまだ難しいかもわかりませんが、霊能者は技術屋になるべきだと思うんです。教祖として崇められる特別な存在ではなく、相談者の霊的成長を助ける技術屋ですね。

――とはいえ、私は自分の経験から、霊的世界の実在を実証する方々の存在は非常に重要だと思うのです。私の場合、ケイシーが霊的現象をまざまざと実証している。

だから、私も霊的世界を受け入れるようになったのです。これが単なる思想や教えだけだったならば、私は迷信として受け入れなかったと思います。

江原：確かに霊現象をデモンストレーションすることで、信じる人はいると思います。しかし、霊を確信するにはもう一つの道があると思います。それは、人は人生でさまざまな困難に遭遇します。場合によっては極限的な状況で、生きるか死ぬかの瀬戸際に立たされることもあります。そういう状況にあっても自分の力を振り絞って誠実に困難を乗り越えようとすると、ふと自分の力を越えた何かによって、状況が打開されるということを経験するはずです。するとその人は、目に見えない世界を受け入れ、その確信は揺るぎないものになります。

霊能者によるデモンストレーションは、霊的世界へ導くきっかけにはなりますが、それればっかりだと、今度は霊現象に依存するようになるんです。カンフル剤は1回か2回は良くても、何度も打っていると麻薬になってしまうようなものですね。

だから私が「霊能者撲滅」といっているのは、自分の人生に起きる体験をもっと大切にしなさい、ということなんです。そうすればおのずとスピリチュアルな生き方に目覚めていくんです。

人は何のために生まれてくるかというと、体験し、感動するためなんです。そして「感動」というのは、喜ぶことだけではないんです。喜・怒・哀・楽がすべて感動なんです。ですから私はよく講演などでも申し上げるんですが、失敗してもいいから体験しなさい、その失敗でいろんなことを学べるはずですから、と。多くの人は、つつがなく平穏な人生を送りたいと思うわけですが、それは成長のない人生です。思う存分、やりたいことをやって生きるのが、この世の正しい生き方だと私は思っています。

先祖霊の話がよく出るのは？

――またテーマが少し違うのですが、先生の書かれた本やテレビから得られる霊的世界のイメージと、ケイシーのリーディングが示すもので、いくつか異なるものがあるのですが、それについて質問させてください。

まず、テレビなどで先生はよく先祖霊のことを話されますが、ケイシーのリーディングには先祖霊が云々というものは、ほとんどないんです。これは何か理由があるんでしょうか。

江原：あります。それは日本国民だからです。本来ならば先祖は関係ないんです。家族といえどもたましいは別々ですから。特に、西洋では個人主義ですから、家族に対する執着も少ないんです。ところが日本国民は家というものを非常に重んじてきたわけです。ですから肉のつながりに非常に執着があるんです。霊も、高い霊になれば、家系に対する執着はほとんどないです。言葉は悪いですが、未浄化な霊ほど、家系や身内ということにこだわります。ですから、これは国民性の問題だと思います。

もし私が西洋で霊を見れば、そういう話はあまり出ないと思います。これも国によって違ってくるとは思います。日本のように家を重んずる国では、やはり先祖霊の話が出てくるかも知れませんね。

――先生のお話にはよく「守護霊」ということが出てきますが、これは先祖の霊なんでしょうか？

江原：自分のたましいが属するグループの霊です。しかし、この守護霊というのは何でも助けてくれるお人好しの存在ではないんです。基本的にその人の成長に関心があるわけで、俗物的な事柄には手を貸しません。ですから、守護霊がもとで苦労していることって結構あるんですよ。本当の親のように、子どもが自分の力で立ち上がるのをじっと見守っている、という存在です。責任の主体はこちらにありますから、やたらなことでは手を出しません。

不思議な自然霊の世界

――先生は時々「自然霊」のことを話されますね。テレビ番組の中で、先生が湖の上を見て「あ、龍神様がおられる」と叫ばれたことがありますね。そして龍神の姿を克明に描写されましたよね。私は、それを見て非常に驚いたんです。本当に龍神という存在がいるのだろうか、と。

江原：います。それは、たとえば西洋などでは精霊などになるわけですが、実は、これも国土性が出てきます。ですから、これだけ国際交流が盛んになってくると、自然霊も徐々に混ざってくると思います。

――自然霊も国際交流するわけですか。

江原：自然霊というのは、この世で肉体的な姿をとったことがないんです。ですから、本来自然霊に形があるわけではないんです。それを龍形という形で可視化させるんですよ。日本国民が長年にわたって培ってきた龍という形を利用して、自分自身を可視化させている可能性があると思うんです。もし私の中に龍というイメージがなければ、ひょっとしておびただしい光のエネルギーの連なりとして見えたかも知れません。

それから私たちの信仰が作り上げている部分もあるんです。たとえば天狗という存在は、可視化の部分で、確かに天狗の姿を取るんです。私の目には、チョコボールのキャラクターのキョロちゃんのような天狗の姿に見えるんですが、それが木の枝にたくさんとまっていたりするんです。

――木にとまっているんですか！

江原：それで山登りするときに彼らにお願いしておくと、山登りがうんと楽になるんですよ。ただし、そういうことをしてくれるのはやはり俗な霊ですね。

また妖精という存在がいますね。木の妖精だとか、花の妖精ですね。面白いことに、妖精も国によって姿が違います。たとえば、日本の神社などに行って、ご神木といわれる大きな銀杏の木を見ていますと、小さくキラッと光るところに、日本の民話などに出てくる「翁（おきな）」とか「花咲か爺さん」のような姿をしているんですね。こちらも思わず吹き出しそうになることがあります。

これがイギリスなどに行きますと、妖精はやっぱり西洋風の姿で出てきますよ。

——こういう自然霊にも意識があるんでしょうか。

江原：（しばらく考えて）あります。感情もあります。ただし、人間の感情とはまったく違います。白か黒、好きなら好き、嫌いなら嫌い、だめならだめ、という感じで中間がないんです。そういう意味で自然霊は恐れられます。

——情けというものがないんですね。

江原：そうなんです。たとえば低級な狐霊などは、裏切られれば仕返しをする、という行動に出るんです。だからそれを恐れて祀《まつ》るんですね。また低級な自然霊ほど、俗的なことに力を貸すんです。

ケイシーのリーディングには自然霊は出てこないんですか？

――そうですね、リーディングとしては出ていないと思います。

江原：そうか、人間の生き方に直接関わってはこないですからね。自然霊は、やはり自然現象に関わってきますので、もし天候に関するリーディングなどがあれば、それに出てくるかも知れないですね。自然界についてのリーディングがあれば、きっと出てくると思いますよ。

第2章

斎藤一人

(銀座まるかん創業者)

人生を豊かにする心の法則

PROFILE

斎藤一人（さいとう・ひとり）

1948年生まれ。「スリムドカン」などのヒット商品でおなじみの「銀座まるかん」の創業者。下記の通り、1993年から全国高額納税者番付（総合）の10位以内にただ一人12年連続で入っている。

1993年－第4位、1994年－第5位、1995年－第3位

1996年－第3位、1997年－第1位、1998年－第3位

1999年－第5位、2000年－第5位、2001年－第6位、

2002年－第2位、2003年－第1位、2004年－第4位

また、土地売却や株式公開などによる高額納税者がほとんどを占めるなか、すべて事業所得によるものという異色の存在で「実質1位」ともいえる。納税額が1位となって以来、注目を集めるが、マスコミの前に姿を現したことはない。2003年、「生涯累積納税額」が日本一になる。魂と仕事の関わりを語れる希有の人。

一人さんの出発点

——一人社長について書かれた本はたくさん出ていますが、それらの本に出ていなくて、でも皆さんが知りたいと思っていらっしゃるような質問からさせていただければと思います。

まず、中学を卒業されてすぐに社会に出ておられますが、どのような心意気でそうされたのでしょうか。

斎藤：それはですね、私は団体生活というのがあまり好きじゃないんです。個人的に勉強したりするのは嫌いじゃないんですが、みんなでいっせいに何かやるというのについていけないというか、そういう個性が強かったものですから、どうせ勉強するなら一人で勉強していたほうがいいな、っていう形で学校行かなかっただけで、あんまり心意気というかそういったことはないんですね。

——それについて周囲の方々の反応はいかがでしたか？

斎藤：もちろん親は今と同じで、「高校も行ったほうがいい、大学も行ったほうがいい」と当然いいましたよ。みんな学校に行くことを勧めましたよ。

――社会に出られてどのようなことを心がけられ、努力されたのでしょうか。

斎藤：う～ん、特にこれに努力したとかという覚えはなくて、普通でしたよ。淡々と生きてきたという感じですね。

――日本一の商人になることはいつ頃から目指されたのですか？

斎藤：これは自分でなろうとして目指したことではないんです。こういうものは成ろうとしたら成れるとか、いやだから止めるということじゃなくて、何か大きい流れのようなものがあって、それに「流されて行く」という言い方はおかしいんだけれど、一緒に流れていく、運ばれて行くようなものだと思っていますから、別にこれを目指したという記憶はないんです。

――では日本漢方を創設された経緯についてお尋ねしたいのですが。

斎藤：これは私自身が体が弱くて自分を治すために漢方の勉強をしたり、いろいろなことをして、そして「あ、これは最終的に食事なんだ」ということに気がついて、漢方の中の食事療法を自分が心がけていたところ、それが自然に仕事の形になったと思っています。

――お母様の『青汁』がきっかけだったということが何かに書いてあったような記憶があるのですが。

斎藤：それはですね、こういうことなんです。よくうちの母親が最初に社長をしていたといわれるんですが、『青汁』は私が個人商店として扱っていたものなんです。それで私はいつもそうなんですが、人前で何かするのが嫌いなものですから、会社にするときにも、母親がちょうど仕事をしていませんでしたから、「お母さん、社長になって」って、名義上社長になってもらったんです。うちの母は普通の家庭の人ですから、漢方のことや病気のことがわかるわけではないんです。私が表に出たくないからやってくれたということです。

それで、「斎藤さんは一代目なんですか、二代目なんですか」ってよく聞かれるんですが、私はどっちでもいいと思っているんです。跡を取ったとか、取らないということよりも、私は二代目でもちゃんとやるし、一代目でもちゃんとやるんです。

うちの母は父と一緒に洗濯屋さんをやってた人ですから、漢方のことなんか急にわからないんですよ。これが本当のことです。だから私は別に跡を取ったわけじゃあないの。ただ、「二代目でやったから偉いですね」なんていう人がいますが、そういうもんじゃないんです。二代目でやっている人でも会社潰さずにやっている人は偉いんです。

(物を)知らない人は「二代目か」といってバカにするけど、親の跡を取ってやっている人は大変なんです。親が会社を作った時とは違う時代で会社をやって行くということは、一代目と同じくらい大変なことなんですよ。一代目でも二代目でも、会社をやっていくということは大変なんです。

――漢方に注目されたのはどうしてですか?

斎藤：それはやっぱり小さい時に体が弱かったからですね。誰だって最初は西洋医にかかって、でも西洋医で治んなきゃ、漢方やるし、漢方やって治んなきゃ、それで諦めて死んじゃうというわけにもいかないしね。そうすると、「これは食事だな」って気がついて。だから最初から漢方に着目したというわけではなく、自然の流れでそっちに行ったと思っています。

成功法則はどこから

――一人社長の成功法則として知られる「心のもち方」や成功するための心構え、日常の習慣などはどのようにして得てこられたんですか？

斎藤：心構えというのは自然にもつもので、どうしたからもつというものではないと思いますよ。いろんな形で生きていくうちに、自然に身に付いていくものじゃないかと思うんです。また経験でそういうものを身に付けたのかというと、一家で同じような経験をして親が同じように育てても、子どもは別々のことを考えますよね。学校だと学生服だって同じようなものを着せて、先生も同じようなことを教えるわけだけど、万人が個性をもっているんだよね。

心構えというのは天が与えた個性じゃないかなぁ。だから何々してどうこうなるようなものじゃないと思いますよ。

――一人社長のご著書など読みますと、神さまや魂の話や生まれ変わりの話がよく出てまいりますが、そのような人生観はいつ頃、どのようにして得られたのでしょうか。エドガー・ケイシーの場合ですと、幼少の頃からオーラが見えたり、死者の霊と対話するということができたわけですが、一人社長にもそのような神秘体験が背景にあるのでしょうか。

斎藤：う～ん……神様を信じるとか信じないというのは、直観的なものだから、信じる人は信じるんです。信じない人は、信じないです。「なぜ一人さんは信じているんですか」といわれると、これは直観のようなものですね。だから信じたくない人は、それでもいいと思っているんです。

エドガー・ケイシーさんの場合には死者の霊と話をするといったことができたり、オーラが見えたりしたわけですが、このオーラというのは誰にでも見えるものだと思いますよ。私が百人に教えれば百人とも見えるようになります。だからオーラを見るというのは別に神秘体験ではないと思うんです。

じゃあ、そのほかに神秘体験があるかと聞かれたなら、これは……あります。ただ私は商人《あきんど》だからそのことはいいません。なぜかというと、商人がそういうことをいうと、そういうことを利用して物を売っているんじゃないかといわれるのがオチで、今生は私は商人として生まれ、商人として死んでいくつもりです。誰にでもそういう神秘体験というのはあると思うんですが、そういうことをいってはいけない類の商売を私はしていますから、私がしてきた体験は、一生私の心の中に収めて今生は死んで行くつもりです。

仕事をしながら魂を磨く

――商人として魂を磨きなさい、ということがご著書にはよく出てきますが、仕事をしながら魂を磨くというのはどういうことですか?

斎藤：要するに、商売を通じて魂を向上させるということは、「魂を向上させるために仕事をするんだ」と思えば、成長するんです。だから、ご飯を食べるときも、ただご飯を食べる人と、手を合わせて神様に感謝したり、お百姓さんに感謝したりということをすれば、食事をすること自体が魂の向上なんです。

それと同じように、仕事というもので向上する。魂が向上したから、そのご褒美で収入がもらえるというわけじゃないんです。失敗しようが何しようが、魂は向上するんです。こういうことをやったから間違えたんだなぁ、とか。魂が向上したからお金がもらえるんではないんです。失敗しても魂は向上しているんです。

これは間違いだ、ということがわかっただけでも向上なんです。だから間違えた時は当然損をします。でも次にまた人様の役に立つことをしようとか、人が喜んでここに来てくれることをしようとか、買い物をしてくれるようにしようとか、特に、今年も儲かり、来年も儲かり、再来年も儲かるというように儲け続けようと思ったら、人に恨まれることとか悪いこと、その場しのぎのことはできないんです。

そうすると地に足のついた商売をして行こうということになる。で、これを通して魂を向上させて行きたいな、というのは、自分が考えることなんです。それ以前に、そもそも「魂があるんですか」と聞かれたら、それを証明することは商人にはできないんです。

だから私がやっているのは、ご飯を見ればご飯を作ってくれた人に、お魚を見ればお魚を獲ってくれた人に感謝するし、お米を見ればお米を作ってくれた人に感謝する。ガス会社にも感謝するし、水道局にも感謝する。そういうことをしていれば、どんなことをしていても魂の成長にはなるわけで、商いをやっていなくても魂は成長していくものだと思っているんです。だから魂の成長とお金儲けは全然関係がありません。

――斎藤一人社長は「ついてる」という言葉で有名ですが、これについて教えてください。

斎藤：「ついてる」というのは非常にいい言葉だと私は信じています。商人もサラリーマンも、みんなそうなんですが、生きていくってことは何かしなきゃいけない。何かして落ちていくか、そのままでも落ちていくんです。だから、人は怖くても未来に向けて足を一歩でも二歩でも踏み出して、新しいことに挑戦していかなきゃならない。そのときに、自分が「ついてない」と思うと、何もできなくなっちゃう。ついてなかったら怖くて足が出せないんですよ。やっと一歩出した足も、間違っているかも知れないんですよ。そのときに、「ああ、オレはダメなんだ」と思うか、「ああ、これで間違っているってことがわかった。これで一歩進んだんだ」と思うか。「間違っていたことがわかった。ありがたい。自分はついてる」と思わないと、次の一歩が出ないんですよ。

学校の試験でもそうなんですが、○×試験で何も書かなければ間違いなく0点なんですよ。○か×かどちらか書かなきゃいけない。人生っていうのは歩みだから、間違えていたら次、間違えていたら次、という具合に足を出さなければならないんです。そのときについてないと思っている人間は足が出せないんです。そのまんま、何もしないで討ち死にするような形になっちゃう。だからオレたちは、「ついてる、ついてる」といって自分を励ますわけですよ。

自分の人生だから、自分で自分を励ましながら、一歩行き、二歩行きするわけです。そしたら自分が人を励ましてあげられるようになるじゃない。だからまず「自分で自分を励ましな。あんたはついてる人間なんだから」っていうんです。

――「困ったことは起きない」という一人社長の考え方について教えてください。

斎藤：人間というのはね、次々と問題が起きるだけなの。それを「困った」と思えば、困った状態になるんだよね。でも、それを解決すると、一つ上がれる。仕事の問題を解決すれば、仕事で一つ上に上がれるし、人生の悩み事を解決すれば、それで人生が一つ上がるんだよね。

だから神様は人を困らせようとしているわけではないんだよね。問題が解決できないから困るんであって、その問題を解決すれば一つ上がる。だから、困ったことが起きているんではなくて、自分をステージアップさせるための階段が出てきているだけ。だから、一段一段上がって行けば自分がどんどん上がって行くだけなの。だから神様に愛されているというのは何の問題も起きないんじゃなくて、問題が次々に起きるから神に愛されているの。

階段を上がるたびにわざわざ神様が次の階段を出してくれていて、「この階段を上がって行きな。そうすりゃあんたはどんどん出世するよ」とか、「どんどん魂が向上するよ」って出してくれている。その階段を「困った、困った」というか、「ありがとう」というか。私は「困ったことは起きないの。だって困っていないもの」というふうに捉えているんだよね。

幸福グセ、不幸グセ

――先日、「過去は変えられるけれど、未来は変えられない」という驚くべき考え方を教えていただきましたが、それについてもう一度お願いいたします。

斎藤：よく「過ぎ去ったことは変えられないけれど、これから先の未来は好きに変えられる」とか、「過去の苦労は変えられないけれど、これから先は幸せに生きてね」っていうけれど、不幸癖の付いている人間はそうはいかないんだよね。

だから「過去は変えられる」というのは……済んだことというのは、たとえば「自分は過去にロクでもない男にひっかかったから、あれで男を見る目ができた」とか、オレみたいに小さい頃に体が弱かったから、そのことでいろいろ勉強したから今があるんだとか、ね。学校が嫌いだったから、団体教育が苦手だったからダメだと思うのか、学校が嫌いで団体教育が苦手だったから、社会に早く出て良かったと思うのか。

自分の過ぎ去った過去を一つずつ「だから良かったんだ」と、オセロゲームのように、くるくるひっくり返してくると、「ホントにいま幸せだよね」となるの。過去を幸せだと思える人間は、これから先は全部幸せに決まっているの。だってこれから先起きることも全部幸せだと取れるんだもの。

ところが今までのことを全部不幸せだと取るということは、「あんた、何でも不幸せだと取る癖があるんだよね」ってなるの。「その癖のまんま変えないで、これから先を生きたならば、あなたの人生に起きることは不幸に決まっているでしょ」ってことになる。

このことを解決しないで幸せになることは無理ですよ、っていうのが「過去は変えられるが未来は変えられない」という言葉の意味なの。

そうするとね、「そんなに簡単に過去のことを幸せに思えません」という人が出てくるの。そういう人には「私は簡単だなんていっていませんよ」っていうの。嫌なことがあったら、それをずーっと「ヤダヤダ」といっているほうが簡単ですよ。「あんたのやっていることが一番簡単なんですよ。だって嫌なことはヤダヤダといってるんでしょ。私がやっていることは大変ですよ。だけど幸せになる道はこれしかないんですよ」って。

困難が人生を盛り立てる

――「向かい風、試練は上昇のチャンス」「人生はフグ料理」という一人さんの言葉について教えてください。

斎藤：これはサラリーマンの人に話したことなんだけど、「働く時には人の倍働け」というんです。人の倍働いて1万円でも貯金するんだったら、会社のために役に立つことを勉強する。そうすると向かい風が吹く。要するに邪魔が入るんですよ。同僚が「お前ばっかり働いたらだめだ」とか、いろいろいうんです。この向かい風が吹くと……自分を飛行機にたとえると、向かい風が来て邪魔が入るとそれでやめてしまうか、そこでもっと頑張るかだけど、頑張ると邪魔しに来た向かい風に乗って、そこでフワッと上昇するんですよ。そうすると平社員が係長になる。今度は係長になって他の係長の倍働いて会社のために一生懸命勉強すると、そろそろ自分は出世するなっていう頃に必ず周りの人間が邪魔するんだよね。

邪魔されるとフッと上に上がるんだよ、っていうことだね。よく「みんなが邪魔するからダメだ」とかいう人がいるけれど、サッカーでもなんでもそうだけど、こっちが邪魔をし、相手が邪魔をし、その中を球を運んで入れるから面白いんで、「好きなだけ球を入れていいですよ」なんていわれて、ゴールキーパーも敵もいないで、全員味方でやってみな。何時間そのサッカーやってられますか？

だから邪魔してるんじゃないの。相手はあなたの人生とか、私の人生を盛り上げてくれようとしているの。せっかく盛り上げてくれようとしているのに、それをヤダとか、つまんないといっちゃダメなの。そしたら相手を恨むよね。

そうじゃなくって、「ああ、オレの人生を盛り上げてくれようとしているのね。ありがとね」ってニコッと笑っていったとき、その人の器量に相手が心服するの。「オレ、働くの好きなんだよ。だから好きにやらしててね。みんなに感謝しているよ」っていったとき、その人に花が開くんだよね。

「困難があるから面白い」というのはね、何の困難もない人生、サッカーでも何でも自分一人でやってると思ったら何の困難もないよ。でもね、映画になった『指輪物語（ロード・オブ・ザ・リング）』でも、みんなが協力して指輪を捨てに行ってごらんよ。それで「はい捨てました」といったら、物語として成り立つの？　それ、見てられないでしょう？　見てる人だってやんなっちゃうよね。だからそこに困難があって、また面白いんだよね。

「人生はフグ料理」というのはね、良いことというのは大概悪いこととセットなんだよね。「こんなことやろう」と思って自分では良いことやったと思っても、悪いことってあったりするんだよね。

この間、（東京）砂町銀座商店街にほんとにジョークのつもりでちっちゃな「ついてる神社」っていうのを作ったのね。こんなの誰だってジョークだとわかると思ったんだけど、知らない人は「あそこにヘンな宗教団体ができた」って本気にしちゃうんだよね。「一度入ったら二度と出られない」とかいうんだよ。

こっちはね、タダでお茶菓子まで出してるんだよ。ねぇ。日本一の金持ちなんだから（笑）、お茶菓子出すくらいのこと、なんでもないんだよ。

だけど世間の人は知らないから「中に入ったら金取るんじゃないか」とかいうんだよね（笑）。だから良かれと思ってやったことでもいわれることがあるんだよ。何でもそうなの。片側に陽が当たれば、片側に陰ができるの。両方から陽を当てたいといっても、そういうわけにはいかないんだよね。

そのときに表に貼り紙してね、「中にある神社はジョークで造ったものですから、お賽銭もいらないけど、御利益もありません」と書くわけですよ。そうすると世間の人が「ああ、そうなのか」って思ってくれる。それを「うちは悪いことしていないんだから正々堂々としていれば良いんだ」なんて、世の中ってそうじゃないんだよ。相手が「ヘンなことしてる」っと思っているんなら、「そうじゃありませんよ」って説明責任があるんだよ。特に新しいことをした時はそういうもんなの。

だからフグって高級魚だけど、ねぇ、「オレが獲ったフグだから」っていったって、全部食ったら死ぬよ。やっぱり陰の部分の毒は抜いて食べなきゃダメなんだよ。「人生はフグ料理」っというのは、何かやれば何か嫌なことがあるの。よくね、「仕事が面白くないんです」ていう人がいるの。でもね、大変で面白くないからお金くれるんだよ。「何とか面白くしたいんですけど」というけど、面白いことにはお金がかかるの。楽しくて面白いことはお金を使うとき、かかる時、あなたが。お金をいただくときは、大変と決まっているの。そういうものなの。

で、そういうのは百も承知で社会に出て、その時に「大変だ大変だ」っていう姿を見ても美しくないの。それだったら「私この仕事好きでやってますから」ってニコッと笑っていうしかないんだよ。オレなんか「仕事は楽しいよ、人生は楽しい」っていってる。「じゃあ、斎藤さんて本当に大変なことってないんですね。すごいですね」って。（そう）いってるだけ。「バカかお前は」「少しはまともに考えろ」って。大変なことは百も二百もあるの。いわないだけなの。「いわないのはないんですね」っていう奴がいる。「もうちょっと人のことを考えな」っていいたいね。

仕事なんて大変に決まってるんだよ。大変だからお金が入ってくるの。人より十倍稼ぐってことは十倍大変なんだよ。日本で一番お金を稼ぐってことは、日本で一番大変なんだよ。そんなことは百も承知なの。

水泳で日本で一番っていうことは、泳ぐときに日本で一番水の抵抗を受けるってことなの。そんなことわかり切ったことじゃない。わかり切ったことで泣きごといいたくないの。大変なことしないでお金だけもらおうと思うのは無茶なんだよ。

エドガー・ケイシーについて

――エドガー・ケイシーについて一人社長はどのような形で関心をもたれたのでしょうか。

斎藤：この人は苦労したと思いますよ。あのね、人より変わったことをするとね、そしてこの人が本物だとするじゃない。もちろん本物だからこうして今日まで伝えられているんだけれど、人って疑るんですよ。だからそういう能力は人に教えないほうがいいね。ケイシーさんの場合は、そういう使命を天から与えられたから、そういうことをされたんでしょうが、ケイシーさん見てて、私は今生、商人でよかったと思うの。

――一人社長の言葉の中に、エドガー・ケイシーのリーディングの言葉を思い出させるものがたくさんあるんです。たとえば一人社長は「あなたの人生に素晴らしいことが雪崩のように起きますように」といわれますが、エドガー・ケイシーの場合だと「私が接する人に、私を祝福の水路としてください」という祈りの言葉があるんです。他にも、エドガー・ケイシーの言葉を連想するものが一人社長の言葉にたくさんあるんです。

斎藤：これはね、最終的に人は、自分も幸せになり、他の人にも幸せになってほしいと思うようになるんだと思うんだよね。そうすると富士山と同じで、どこから登って行ってもね、頂上に近づくとだいたい同じようなもので――べつに私が頂上に近づいているといっているわけじゃないんだけど――自分も幸せになり人も幸せになることを願うと、だいたいいう言葉って限られて来ちゃうんだよね。いくつも言葉ってないから、たいがいは似たようなことをいうんじゃないかな。

仕事を楽しくするには

――『スリムドカン』などの大ヒット商品はどうやって生み出されたのでしょうか。

斎藤：これはねぇ、自分が生み出したってことはわかるの。でもね、どうやって生み出したかってことになると、これは、誰にも答えられないと思うの。自分のことを天才だと思っている人は、自分でひらめいたと思うかもしれないけど、私は自分のこと天才だと思っていないから、どっかから啓示が来て、パッとひらめいたとしか思えないんだよね。

アインシュタインも相対性理論を考えたけど、どうして考えついたんですかと聞かれたら、これは相対性理論の百倍くらい難しいと思うよ。

――銀座まるかんの商品には『ひざこしください』とか『スーパー青汁うれし泣き』などのユニークな商品名が付いていますが、これは何か理由があるのでしょうか。

斎藤：この名前はね、私は仕事している時に面白くないとイヤなんです。だから、普通の会社は売れるか売れないかってことを考えるけど、うちの会社は面白いか面白くないか、ってことを大前提にしているんです。だから一番笑えた名前、楽しくなるような名前を付けるようにしているんです。

それでなぜこんなことが大切かというと、売ることばかり考えて楽しくないと、そのお金持ってどうするんですか、ってことになるんだよね。

そうすると面白さ求めてキャバレーに行くとか、人前で威張るとか、ロクでもないことしかしないんです。仕事自体が面白ければ、それで済んじゃっているんだよね。楽しければ、自分としてはそれで済んじゃっているんだよね。

だから日常生活で三度のごはんがちゃんと食べられたら、あとは楽しいかどうかということが非常に大切なんだよね、私には。

名前だけじゃないんですよ。うちでは仕事すること自体が楽しいかどうかということを大事にしている。そこが他所と違うとこですよね。

清く富むには

――実質所得番付を10年連続一位にならしめているものは何ですか。志とか、努力、運、神様の守護などいろいろ考えられると思うのですが。

斎藤：これもねぇ、わからないんだよね。ホントにね、コレわからないんだよね（笑）。なろうと思ったからといって成れるものじゃないんだよ。ウン。

なんでね、10年もなれたんですかって聞かれたら、やっぱりわからないんだよね（笑）。私流にいえば「神様が私を一番にしようとしているんだ」ってことになる。私が勝手にそう思ってるだけですが。その根拠なんてまったくないの。こういう難しいことを聞かれると、バカな答えになっちゃって申し訳ないんだけど（笑）、それしか答えようがないんだよね。

――精神論者の中にはお金やお金儲けを邪なことのように考える傾向がありますが……。

斎藤：精神論者がお金を汚いものというのであれば、その人にとってお金は汚いんですよ。だから変える必要はないと思いますよ。それもその人の人生だからね、そうやって生きればいいんだと思いますよ。私は商人だから、こうして商売をしてやって生きていますけどね。その人がどのような生き方をしていてもね、幸せそうな顔をして生きてほしいね。精神論者でときどき苦しそうな顔をしているのがいるけれど、自分が苦しんじゃっているような精神論て、オレ、よくわかんないの。

そういう人ってつらそうな顔していたいんじゃないの。あんまり逆らわないほうが良いね。「良かったね」とか、「渋い顔ですね」とか、ともかく近づかないほうがいいね。向こうもこっちに近づきたくないだろうから。だから「合わない人とは会わない」ことだね。

――清貧ではなく、清く富む「清富」になるためにはどうすればいいですか？

斎藤：これはねぇ、サラリーマンなら一生懸命に働く。もちろん商人も一生懸命に働く。これくらいしかないんだよねぇ。

立派なことといって金持ちになるってことは、その立派なことを利用して金持ちになっていることになっちゃうよね。だから、心とか言葉で金持ちになるんじゃなくって、体動かすとかね、頭働かせるとか、知恵出すとか、そういうことでなければね。だから清く富むって大変だよ。

お金を儲けるっていうのはエベレストに登るより大変なんですよ。エベレストはその場所に行けばあるわけで、別にエベレストが逃げたりはしないよね。でもお金を儲けるっていうのはまず仕事を見つけなきゃいけない。どうやってお金儲けするか、それを探すのは大変なんです。山を登るんじゃなくて、自分で土を盛って山を作らなきゃいけない。どれだけ労力がいるか。

仕事ってね、跡継がせられないくらい難しいんだよ。お金儲けってね、コツはないんですよ。コツがあったら親が子に伝えることができるけど、そういうコツはない。だから「お金儲けにコツはない」ということを早く悟ることがコツだね。一生懸命仕事をして、時代が変化したら、それに合わせていく。そうしてやっとお金を得ても、汚い使い方をしたり、自慢したりしない。それが修行だと思ってる。大変なことをしていても「大変だ」といわない。無茶苦茶苦労していてもそれを顔に出さない。周りの人に優しい言葉をかけられる、というのも修行だと思っているんだよね。
だから清貧を修行だと思っている人は、それでいいんじゃないかな。

ケイシーをもっと普及するには

――われわれはエドガー・ケイシーの業績を日本全国に普及啓蒙したいと思っていますが、その目的を達成するためのアドバイスをお願いいたします。

斎藤：これはねぇ、まずエドガー・ケイシーをやっている人たちが集まって、何のために普及するのか、それから、普及することによって、普及された人が――普及するほうじゃないんだよ――普及された人がどれくらいのメリットがあるのか、相手のメリットだよね、を考えると自然と出てきて、「エドガー・ケイシーを知り、エドガー・ケイシーの業績を知ると、これだけのメリットがあるんだ」ということを明確にして、だとしたらこれを伝える方法は何だろうというような捉え方だね。

自分たちも商売するときに、これを売りたいというこちらのメリットではなく、これを買った人とか、相手にとってどのくらいのメリットがあるんだろうか、ということを考えていかなきゃいけない。

だからエドガー・ケイシーという人のことを知らせることで、どのくらいのメリットがあるんだろうか、相手にとってね。そのことを真剣に考えたら、きっといい知恵が出ると思いますよ。

――エドガー・ケイシーの情報に基づく商品を開発して、それを販売し、その収益を活動に役立てたいと思っているのですが、これについてアドバイスをお願いいたします。

斎藤：これもねぇ、難しいんだよ。新製品というのはね、どれが当たるかっていうのもいえないいんだよね。新製品を作ることより作ったものを世に出すって、百倍くらい大変なんですよ。だからアドバイスしたとしても、やるのは自分たちなんだよね。それをやりきるだけの実はものすごいエネルギーが要るんですよ。事業を立ち上げ、商品を立ち上げるっていうのはものすごく大変なことで、良い製品なら売れるじゃなくて、良い製品なんて今の時代当たり前なんだよね。それが山ほどある中で、世間があなたから買うとか、「この商品を」っていわせるのは、「これは良い商品だ」なんて思っていたらできないね。良い商品なんて当たり前で、良い商品が世界中から入ってきている中から、自分のものを買っていただくことの大変さを知って、それでもやるんだっていう勇気とか知恵、努力、そういうものをもって戦ってください。それが私にできる最大の援助だったり、知恵だと思うんだよね。私もそうしてます。

（このインタビューは２００４年5月に収録したものです）

第3章

船井幸雄

((株) 船井総合研究所最高顧問)

地球を取り巻くルールがはっきりわかる

PROFILE

船井幸雄（ふない・ゆきお）

1933年　大阪府生まれ

1956年　京都大学農林経済学科卒業

産業心理研究所研究員、日本マネジメント協会経営指導部長、理事を経て、

1970年　㈱日本マーケティングセンターを設立

1985年　船井総合研究所に社名変更

1988年　経営コンサルタント会社として世界ではじめて株式上場。

“経営指導の神様”と呼ばれコンサルティングの第1線で活躍するとともに、社長、会長を歴任。現在、同社最高顧問

同社を約300人の経営専門家を擁する日本最大級の経営コンサルタント会社に成長させた。また、グループ40余社の総帥。

（株）船井本社、代表取締役会長

(2003年4月　超資本主義社会を牽引するテクノロジーの発掘・普及のため、㈱本物研究所を設立した)

主な著書

『この世の役割は「人間塾」』（ビジネス社）、『激変時代の知恵袋』（徳間書店）、『超資本主義百匹目の猿』（アスコム）、浅見帆帆子さんとの共著『ちょっと話してみました』（グラフ社）他　約350冊

――経営コンサルタントを本業にしておられる船井先生が、どのような経緯でエドガー・ケイシーを学ばれたのか、その辺りからお尋ねしたいと思います。

先生のご著書によりますと、先生は29歳の頃に人生観を大きく変えられ、それまでの唯物的な考え方から、人間を霊的存在として見る考え方にシフトされたとありましたが。

船井：20代の終わりに父とワイフが相次いで死んだんです。それまでは、僕は唯物主義者だったといってよいと思うんですよ。死んだらどうなるなんてことは一切考えなかった。

ワイフの場合は、昼頃に「頭が痛い」といい出して、その日の夜には死んでしまった。お腹の子どもも一緒にね。2歳のちっちゃい子どもを残して。「人間、死んだらしまいかな。それまでなのかなぁ」と知りたくなったのは、それからです。

といっても、しばらくは生きていくのに忙しくて、大変でした。まあ、今の家内が同情して来てくれて、ちょっと落ち着いてきた頃に本格的に勉強をはじめたんですよ。

でも日本にはあまり科学的な本などはないので、どうしたものかと思っている頃に、「そういうことだったら、まずスウェーデンボルグを勉強しなさい。次にエドガー・ケイシーだよ」と教えてくれた人がいた。それが当時早稲田大学の教授だった難《なに》波田春夫《わだはるお》という人だった。

難波田先生に教えてもらって、まずスウェーデンボルグを読んだわけですよ。これはかなり面白かった。その後でケイシーを読み出した。だから昭和40年頃からですな。

――そうすると、日本マネージメント協会に入られて、それからしばらくして難波田先生にお会いになった。

船井：うん、マネージメント協会におったとき、僕は流通問題をやっていたのでね。ヨーロッパの流通の研究に取り組んでいました。よくオランダやイギリスへ行ってたんですよ。

それでイギリスに行ったときに、ふと大英博物館に行った。そこで難波田先生に会った。

――それは偶然だったんですか。

船井：偶然、偶然。難波田先生がそんな偉い先生だなんて、全然知らなかった。

――難波田先生もたまたま大英博物館に行かれたんですか。

船井：そう。たまたま行ったら、そこに日本人がいたので、声をかけてくださったんです。そして話をしているうちに、「そういうことだったら、肉体から魂を抜け出して、あの世とこの世を自由に行き来していた大学者の本がちゃんとここにあるよ」と。

――でも、その当時、スウェーデンボルグの翻訳はまだ少なかったんじゃないですか？

船井：スウェーデンボルグの本はそうでもなかったよ。それに、私は耳が悪いのか英語は上手にしゃべれない、聞けないけど、読むのは読めるからね。だから（原書も）コツコツと読んだ、という感じだったね。

――それでスウェーデンボルグから。

船井：そうスウェーデンボルグから入りましたね。それからケイシーの本は、誰の翻訳だったかなぁ……。

――あの当時、日本語のものがあったとすると、多賀瑛さんの本か、さもなければ十菱麟さんの……。

船井：そうそう十菱麟さんの訳だったね。十菱麟さんとはいろいろあったね。

――そうすると、船井先生がケイシーを勉強されたのは……。

船井：30代の前半からです。

――エドガー・ケイシーを勉強されて、船井先生はどのような衝撃を受けられましたか？

船井：衝撃というよりも、その時は「死んでもおしまいではない」ということをほぼ知っていたから、過去生があるということを知って、安心しましたね。「そうだろうな」と思ったんですよ。

――では、確認をした、確証を得た、という感じですね。

船井：33、34歳頃から読み始め、35、36くらいに一番熱心に読んでいたかな。

――その中で、特に印象に残っておられる本は何ですか？

船井：それがどれだったかは覚えていない。とにかく、その当時翻訳されていたものは全部読んだ。たま出版の瓜谷さんとも親しかったしね。

難波田先生からケイシーを勧められる

――話は難波田先生に戻るのですが、難波田先生はよくあの当時ケイシーのことをご存じだったですね。

船井：あの人は、哲学者ですからね。戦前は、東大、京大の教授をやっておられ、そういう基本的なことを知らないと哲学なんて論じられないですよ。でも日本ではそういうことをあまり大きな声でいうことができない時代でしたね。

僕はね、難波田先生がお亡くなりになるまで、ずーっとつき合ってました。アタマの柔らかいすばらしい先生でした。非常に親しくお付き合いしていただいた。

――大学の哲学の先生がケイシーのことをはっきりと教えてくださったんですね。

船井：先生はケイシーのことだけでなく、いろんな基本的なことにものすごく詳しかったですよ。彼はね、経済学者でも最高峰を極めた人でした。

――社会哲学とか、社会科学としても紹介されていますが。

船井：どうかなぁ。東大や京大では、どっちかといえば経済を教えておられた。とにかく（ケイシーのこともかなり）詳しかった。「世界中のエリートは皆知ってるよ」と話してくれました。

――世界中のエリートが！

船井：難波田先生は、船井総研のセミナーでも毎年1回か2回、講演してもらっていて、古いメンバーはみんなどんな人か知っているんですよ。でも、先生の学問上のお弟子さん――早稲田の教授をもう定年されたような方も多いけど――にどの程度そういう話をされたかはわからないね。そういう話はされておられないかもしれないね。でも私に会うと特に気が合うのか、いつもそういう話もしてくれましたよ。

コンサルタント業務にケイシーを活かす

――また話は戻りますが、船井先生は36歳で船井総研を作られたと理解しているのですが。

船井：昭和44年の9月30日にマネージメント協会を辞め、10月3日に個人経営の「フナイ経営研究所」というのを作った。これが船井総研の前身ですね。36歳でした。これを会社にしたのが、昭和45年3月6日です。37歳です。

――そうしますとケイシーを知られた後で船井総研を作られたことになりますね。

船井：ええ、そうですよ。

――そうすると、経営コンサルタントとしての船井先生のお仕事に、ケイシーから学ばれたことが何か影響しましたでしょうか。

船井：もちろんです。経営者というのは、オールマイティーの仕事ですよ。経営者からの相談というのは、あらゆることが来るんです。「世の中どうなっているんだ」「本当はどうなっているんだ」そういうことも知らないとアドバイスできないんです。だからケイシーを学んだことは大変よかったです。

――具体的にどのようなアドバイスとして活かされたんでしょうか。

船井：「死んでもしまいではないよ」とか、カルマの法則とか、「因果というのはちゃんとあるんだよ」とか、「そういうことをちゃんと考えて仕事しなさいよ」とか。こういうことをいうかいわないかは別にしてアドバイスの考えの中に入れることができましたからね。

――それによって経営者の方々も（それを納得され）……。

船井：当時、僕は流通業界のコンサルティングを主にしていたんですが、流通業界の経営者は素直で、僕が現実に合わないことをいわない限り、アドバイスは聞いてくれましたよ。ともかく、皆さん、僕のアドバイスをよく聞いてくれました。

競争から共生に

――そういう時期に、ある講演会で、危うく暴漢に刺されそうになられたんですね。

船井：その前にね、昭和54年だったと思うが、僕は、「包み込みの発想」という本を書いたんですよ。その本の一番最後に、ほんのちょっぴりね、そおーっと、「人は死んでも終わりではないらしい。生まれ変わるらしい」ということを書いたんですよ。

それで得意先がかなり減ったかな。そういうことをはっきりいうと、まだ、おかしく思われる時代でしたね。その本には、はじめてエドガー・ケイシーのこともはっきり書きましたがね。

――得意先が減った？

船井：社員も辞めたし。それまで売上げは毎年倍から3倍伸びていたのに、その年初めて横ばいになった。そういう1～2年後の年にあの事件は起きたんです。

自分の店の近くに大きなスーパーができてしまって、自分の店が経営できなくなってしまった。そのスーパーを指導しているのが船井だということで、僕のことを恨んでたんだね。

講演会が終わると、その人が壇上に駆け寄ってくる。明らかに不審な人物だったので、僕はさっと逃げた。取り押さえられた人は、僕のことを殺してやろうと思ってやって来たというから、「なぜですか」と聞いてみました。そうしたら、自分や親戚は繊維関係の小売店をいくつもやっていたが、近くに大きな店舗が次々にできてきて、すべての店が立ちいかなくなってしまった。それらのスーパーを指導しているのが船井という人だということで、あんたを恨んだ、というんだね。

――この事件があってから、経営に関する考え方が変わって行くんですね。「競争から共生の経営」に。

船井：そうそう、勝つのはいいけれど、負けた競争相手が困らないような勝ち方をしよう、というように変わっていって、そういうコンサルティングを始めたのが、昭和56年からだったと思います。それが「長所伸展法」というノウハウになった。

——長所伸展法——。

船井：長所を伸ばしたら、相手を傷つけないし、相手の足をひっぱらなくてもやっていけるよ、という考え方ですね。この頃から僕の経営手法は変わり出しましたね。

——先ほどの「包み込みの発想」という本ですが、「生まれ変わりがある」ということを書かれたんですね。

船井：そうそう。あの頃、スウェーデンボルグ、ケイシーと勉強して、次にイアン・スチーブンソン博士の研究をしました。こういうことを熱心に勉強し始めて、その頃、私の親友で気の達人の青木宏之さんがいますが、彼の勧めでスタニスラフ・グロフさんの研究を始めたし、また本山博さんの勧めでジョエル・ホイットンの勉強を始めた。ホイットンさんというのは催眠療法の大家で、Life Between Lifeなど中間生に関する著書があります。それらで勉強したことなどもその後は、本に書いたかな。

——でも、そのために顧問先が減り、社員も辞めていったわけですね。

船井：「船井はおかしくなった」って思ったんでしょうね。当時はまだそういう時代だったんだな。今から30年くらい前は、そういう話をおおっぴらにはできなかったたんです。

――ではその後、そういう話はあまりされなくなったんですか？

船井：いや、そんなことはなかった。でも仕事に悪影響のないよう上手に話していました。

――では、現在のように、ケイシーなどの話をおおっぴらにされるようになったのはいつ頃からなんでしょうか。

船井：そうだね……、僕が会長になった頃の、１９９０年頃からかな。その後、船井ブームがあったんです。僕が本を書くと、何を出しても10万部くらいは売れてね。１９９５、６年頃までブームだった。そうなると、今度は僕の足をひっぱる奴が出てくる。いろいろ悪口もマスコミに書かれました。それで、僕は一度引っ込みました。

――しかし、１９９５、６年頃からフナイ・オープン・ワールドがあったように記憶していますが。

船井：94年からです。しかし赤字ばっかりだった。とはいえその頃知り合った森田健さんの研究やロバート・モンローさんの研究を面白いなと思いだした頃です。

――今から10年ほど前ですね。

船井：そうね。それで最近、船井総研や関連会社からも自由な立場（最高顧問）になったので、これまでいえなかったこと、本物について、世の中に伝えて行こうという気になり、ちょうど先日、二冊本を書き終えたところです。一冊はダイヤモンド社から出る『人は生まれ変わる』で、もう一冊は徳間から出る『世の中、大激変』です。前著は5月頃、後著は4月に出る予定です。この基になっているのは、この世とあの世の研究なんです。

ケイシーの普及啓蒙について

――われわれはケイシーの情報を普及啓蒙している団体なんですが……。

船井：それはもう、どんな人でも、絶対ケイシーの本を読んだほうがいいですよ。少なくとも、彼は真実を語っていると思うな。

――われわれはこれまで13年間、ケイシーの普及啓蒙に努めてきたわけですが、船井先生の目からご覧になって、どのようにすればケイシーの情報がもっと世の中に浸透すると思われますか。

船井：事実をもっと上手にPRしたらいい。今世の中変わって「リーディング」のことを多くの人が知ってるから。生まれ変わりのことをはっきり発表するのがいいんじゃないかな。この世に生きている人は、ほとんどがまた生まれ変わって来るんですよ。私は、この世は学びの場だけども、一方で、監獄のようなところだと説明しているんです。この世に生まれることは必ずしも良いことじゃない。卒業できるようになるためには何をしなくちゃいけないか、正しく知ってほしい。

地球を取り巻く人間のルールが、ケイシーを学ぶことで、はっきりわかる。

とにかくケイシーのことは世の中にもっとPRしたほうがいいですね。うさんくさくないのだからもっと堂々とやってください。

直感力とリーディング

石原：船井先生は、直感力をずっと研究してこられていますが。

船井：僕は20年くらい直感力を研究していますが、われわれの魂というのはサムシング・グレートの分霊なんです。だから顕在意識がこのサムシング・グレートと直結すれば、直感力が得られるんです。何でもわかる。

ケイシーの場合は、催眠状態でアカシック・レコードなどに結びついたんですよね。ケイシーの場合は、そのリーディングを読む限り、催眠状態といえども、ほとんど直感力といっていいと思えますね。ただ、場合によって複数の霊からも情報を得てたと思うんだけど。

――確かに、株の予想などでは、株に詳しい霊が情報を与えたことがわかっています。

船井：直感力を得るには、簡単にいえば、「空」になることなんですよ。

――ケイシーの場合は、催眠状態に入ることで、だれかに意識が占拠されるので、彼のエゴが入る可能性が非常に小さくなったとはいえると思うんですよ。

船井：「空」になっていたかもね。スタンフォード研究所に、ウィリアム・カウツさんという直感力の研究をしていた先生がいて、彼が私を訪ねて日本に来たことがある。私は彼を３日間ほど缶詰にして、彼の研究をいろいろ聞き出したんです。

彼は、直感力を出すには、超意識に結びつく必要がある。超意識に結びつくためには、潜在意識を排除する必要がある。催眠状態は潜在意識を引き出すので、催眠術は排除する必要がある、という意見でしたね。

それで僕は「ケイシーは催眠状態に入ったけど、彼の場合はどうだ」と聞いたんです。そしたらカウツさんは「う～ん」とうなって、「ケイシーの場合は催眠状態だったけど、超意識と顕在意識をつないでいたようだ」と答えたね。

――さすがにケイシーの業績は認めざるを得なかったんですね。

霊能ではなく霊性を

石原：アメリカのケイシー財団では、ケイシーと同じような能力を開発するというようなことはしているんでしょうか。

――第二のケイシーを発掘するというようなことはしていませんが、各自の能力を高めるということはしています。

石原：それは具体的にどのようなことをするんでしょうか。

――ケイシーは、直感力を含めて、霊的な能力は霊性の向上にともなって自然に発現することを勧めています。霊能力の獲得だけを目指すことは勧められません。

船井：それはまったく正しいことです。

――ケイシー存命中にも、「私もケイシーさんのような能力を獲得したい」と思う人たちが集まってきましたが、ケイシーはそのような人たちに対して「霊能の開発を求めるのではなく、霊性の向上を求めるべきだ」とアドバイスし、実際、そのためのテキストを13年かけて作り上げました。

霊性を高めることで、それぞれの人は、自分にふさわしい霊能を高めるのだと思います。別に霊を見たり、霊の声を聞いたり、人の前世を透視することだけが霊能ではありません。芸術家が作品を作るときも、教師が生徒を指導するときも、農家が作物を作るときにも、霊能が働いているわけです。ケイシーは、「霊能とは魂の働きである」と定義しています。

私が翻訳をするときにも、そこには霊能が働き、船井先生が会社の経営をコンサルティングなさるときにも、そこに霊能が深く関わっていると思います。

日常における修練

石原：船井先生は、わざわざ座って瞑想などしなくても、直感力は忙しい仕事の中で磨くことができると仰るのですが、ケイシーも同じような考え方でしょうか。

――仰る通りです。ケイシーは、何も静かに座って沈思することだけが瞑想ではないと言います。たとえば、「魚釣りをするときに、餌のミミズを探すときにすら、人は瞑想でミミズの居場所を尋ねても良い」といっています。

船井：僕はね、あまりに忙しいものだから、瞬間的に無になるコツを体得したんですよ。今から12年くらい前かな。それ以来、1日に10分間くらい無になる時間をもつと、すごく調子がいい。脳波を測定したら、ちゃんと脳波が瞬間的にシーター波やデルタ波になるんですね。

実はね、結婚30周年の時にね、家内が「何か結婚30年のプレゼントがほしい」といったんです。それで「何でも買ってあげるから、ほしいものをいいなさい」っていったら、「エイトスター・ダイヤモンドがほしい」と。

――四谷の田村さんの……。

船井：そうそう、それで四谷の田村さんのところに行って、エイトスター・ダイヤモンドを買いました。家内へのプレゼントとしては決して高いものじゃなかった(笑)。

そのとき、何人か友達も一緒に行ったんだけど、田村さんが波動を測定する器械をもってきて、波動を測ってくれた。すべて50になるのがベストなんだけど、誰も、50

にはならなかった。でも、家内がそのダイヤモンドの指輪をすると、50になったね。
それで僕は「ちょっと待ってくれ」といって、そこで瞬間的に無になって見たんだ。そしたらすべてが50になったんだね。田村さんも驚いていたね。「こんなことは何万人も測ったが初めてだ」って。その時に、瞬間的に無になるコツをつかんだんです。

――ケイシーも超能力について面白いことをいっています。ケイシーによれば、人は利己的な目的で能力を使おうとすると、その能力は枯れて行くんですよ。ところが誰かを助けようという目的で使おうとすると、その能力が高まるんです。これは人間が本来的に性善であることの一つの証拠であると私は思うんです。

船井：今度、光田さんにウチの研究会で講演してもらったほうがいいな。

――お呼びがかかれば、いつでも参ります。

石原：光田さんがケイシー一筋で来られたのも、エゴがなかったからじゃないですかね。

――というか、ケイシーには自分の人生を傾注するだけの価値があります。また日本にケイシーの情報を普及啓蒙するだけの価値が充分あると信じています。

船井：まったく仰る通りです。僕も、若い頃にケイシーに出会わなければ、ケイシーを知ることがなかったら、今の僕はなかったですね。

――私も学生時代にケイシーの「転生の秘密」に出会わなければ、とうの昔に自殺していたかもしれません。

フィジカル・リーディングの活用

――船井先生はケイシーのフィジカル・リーディングについてはあまり着目はされなかったのですか？

船井：そういうことはないですよ。僕の場合は、実用的な事柄を吸収し、そして必要な時に、その知識を活かすのが得意なんです。いつも意識しているわけではないけれど、必要になると、「ああ、そういえばケイシーにこういうことが書いてあったな」というふうに思い出される。まあ、僕は病気らしい病気をほとんどしたことがないから、フィジカル・リーディングのやっかいになることがなかっただけで。深くは知らないけれど、広く知っているほうですよ。

　ところで、今、ウチの社内で女の人は胸を大きくするのが流行っていてね。龍多美子さんという女の人がいて、3週間で1・5倍にできるというんだよ。

――「いってんご」ですか！

船井：だからね、いま流行ってるの。それはね、まず意識だって。

――ほおー！　意識ですか！

船井：龍多美子さんというのは、女性下着については世界的に有名な人なんだけど、その女性がリュー・ドゥ・リューというお店を東京でやっていて、その人がこの間ウチに来て、いろいろ話してくれました。彼女の本の中で「胸は簡単に大きくできる」と書いてあったので、「それは本当か」って聞いたんです。「本当だ」っていうから、(ウチの女の子たちに)「みんな行って来い」と。

――アハハハ。それにしてもまず「意識」なんですね。

船井：そう「意識」なんだね。ケイシーもそこまではいってはいないけど、確か、ケイシーにも胸を大きくする方法があったよね。

——ええ、あります。大きくする方法も、小さくする方法も。

船井：ほら、ちゃんとあるでしょう。僕も思い出してきた。

——ココアバターでマッサージするという方法があるんですが、バストの周囲から、バストに向かうような形でマッサージするんです。そうすると大きくなる。逆に小さくしたい場合は、バストから外に向けてマッサージする。そうすると、大きすぎて困る人は、より小さくて理想的な大きさになるようです。

船井：間違ったらダメだよ。

一同：(笑)

船井：僕は右脳読みで本を読む人間なので、必要な時にはパッと出る。特に、ケイシーの本はかなりのものを英語で読んだので、知識が印象として残っている。ケイシーのことをいろいろ思い出してきましたよ。これからケイシーのことを世に出すためのお手伝いをいろいろさせてもらいますよ。

(本文中に登場する石原和夫氏は、船井グループ本物研究所スタッフです)

第4章

葉　祥明

(絵本作家、画家・詩人)

人間も動物も人生を共に歩む同じ魂の仲間

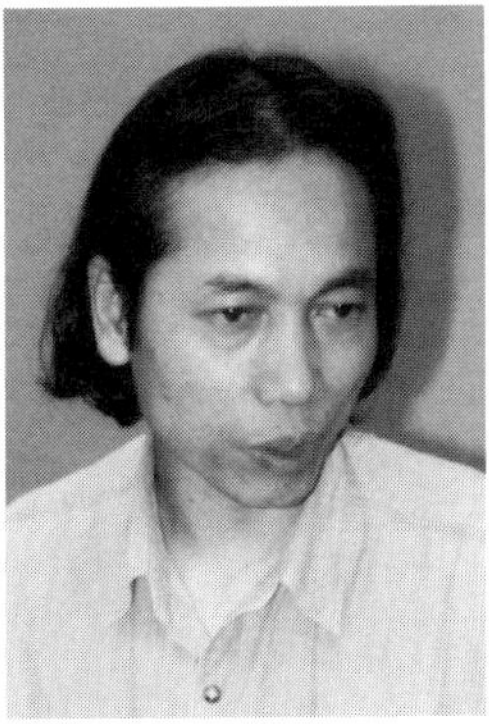

PROFILE

葉　祥明（よう・しょうめい）

1946年7月7日、熊本市に生まれる。1990年、「風とひょう」でボローニア国際児童図書展グラフィック賞受賞。1991年、北鎌倉に「葉祥明美術館」を開館。1992年、オリジナル・キャラクター「JAKE」がふみの日の切手に採用される。1995年11月、旧ユーゴの子どもたちともジョイント展（難民を助ける会主催）を開催。また、カンボジアの対人地雷撤去キャンペーンの活動のための絵本『地雷ではなく花を下さい』の挿絵を担当するなど、子どもの人権・動物愛護他さまざまなボランティア活動の支援を行なっている。

精神世界との出会い

――ケイシーに触れたのは10年以上前ということですが、こういうことに関心をもたれるようになったきっかけは何でしょう？

葉：１９８６年のチェルノブイリ原発事故が今の僕の活動の直接のきっかけになっています。それまで絵本の世界にいて、基本的に自然派でエコロジー派できたんですが、１９８６年の原発事故で放射能が1週間もかからないで日本にまわってきて、地球規模での危機と子どもや動物や生き物たちが死滅するという事実に接して、これは絵本作家としても人間としても何とかしなくてはいけないと感じるようになりました。僕はそもそも「人生とは何か」ということを研究することを自分のライフワークと考え、思索と読書と詩作のために、自分の生き方と仕事を分離させていたのですが、それがこのチェルノブイリ原発をきっかけに生き方と思想と仕事を一致させることを考えるようになったのです。

――具体的にどんな変化があったのですか？

葉：その当時僕は、このままでは放射能で地球がダメになると感じ、そして死の問題に出会ったのです。死ぬんだ、地球は終わるんだと思って、絶望していました。ところが、ちょうどその頃臨死体験に関する本が出版されてまして、読んでみると、その当時の平和運動とか自然、エコロジーって言ってたって惑星規模の災害の果てには、結局、死とか暗黒しかない。そういうことで絶望していたんですが、なんと物質的な世界の他に目に見えない次元というか空間があること、感知できるこの世界の他にもっと別の世界があるかもしれない、生命とか魂とこの肉体は別々のものなんだ、と知ったわけです。さまざまな本にそう書いてあるし、僕もそんな気がした。それで死って何だ、死後の世界って何だ、肉体から抜け出たものって何だ、ということを研究し始めたんです。哲学・宗教から芸術古今東西の神話伝説そして量子力学、神秘学など、あらゆる分野の本を総動員して１０００冊くらい読んでみると、実は本質的にどれも同じことをいっている。表現はそれぞれですが、どれも人間には肉体があって魂がある、死というものはなくて、むしろ生まれ変わりがある、と。そこで、そのようなことを絵本で伝えていこうと決心したのです。

精神世界の知識がエコロジー運動を希望へと変える

――葉さんはエコロジー運動や地雷廃絶運動でご活躍なさっていますが、死後の世界や生まれ変わりがある、ということを知ることでどんな影響がありましたか？

葉：エコロジーや社会的な問題などは現世の中の問題だけど、とても深刻で個人の力ではどうしようもないことがあるんですよ。だから、さまざまな活動をしていると、人は時々無力感にとらわれるのです。怒ったり、やり続ける意欲をなくしたり。ところが、より広い見方、たとえば精神世界の知識や感覚を身につけて、これらの問題を見ると、希望が見えてくるんですよ。その理由の一つは、いのちに死はない、ただ形を変えるだけということ。科学でもそうですよね。エネルギー保存の法則とか作用反作用とかね。悩みも喜びも、すべては死によって無に帰すと思っているから、多くの人が無力感や絶望を感じ、虚無的にもなったり、強欲にもなったりするのです。でも、先があるよ、世界はここだけじゃない。現実のこの人生この世界は広大な多次元の中のほんのひとこまなんだと。そうなると、さまざまな問題に押しつぶされそうになっていたけれど、ああそうか、ちっちゃなことだったんだ、と思えるわけ。なおかつ現世における、一人一人の努力がちゃんと報われる、または努力しなければ、努力しなかった結果の状況が待ち受けている。だから、希望をもって平和運動もエコロジー運動も福祉活動もしていいということなのです。

この人生で損ばっかりしてもいい、それは「宝は天に積みなさい」という聖書の言葉にあるように、この世では良い目に遭わなかった、苦労ばっかりしたよ、という思いの人も大丈夫、それはそれでちゃんと意味がある。だから逆に、エゴイスティックに生きたり、動植物を傷つけ苦しめると、自分が傷つけ苦しめたというエネルギーがブーメランのように戻って来て、いずれは自分が体験しなくてはいけないことになる。というような知識をもつことによって、平和運動もエコロジー運動も、あるいはハンディキャップをもって生まれた人も、支える人も、みんなが希望をもって、今ここにいるからこそできることをやろうよ、とゆとりと喜びをもってできるわけ。１回こっきりの人生なのに、私は目が不自由、私は美しくなく生まれた、あの人はお金持ちで、頭が良くて……そういう不公平感を抱き、まさに狭い見方では一見そうなんだけれど、これを高次元の観点から見ると、どんな物事であれ、バランスが取れるようになっている。苦しみに対してもちゃんと埋め合わせがあるし、今回の人生のこの状況を自らの意志で計画し、チャレンジした！　という理解もできるわけです。

たとえば、ディズニーランドにいって、絶叫マシンに乗って「この世は絶叫マシンだった」という人はいないよね。乗り物を降りればないの。またテーマパークの中には、ジェットコースターの他に幽霊屋敷、あるいはメリーゴーラウンドもあるから好きなものを選んで良いんだよ、ということになる。同じように運命や宿命に振り回される可哀想な私ではなくて、それを自分で選んで、なおかつ、エンジョイもできる。すごいスピードで振り回されるという得難い経験をするためにここにきたんだって。なおかつこの人生の中で自分が誰かを手助けするとかして、それまで自分がもっていた心の中のアンバランスな面を正すために善いことや素敵なことをするわけよね。こう考えると、自分の人生に何か、今までと違う確かな意味が出てくる。と同時に生き甲斐も出てくる。このようなスピリチュアルな知識を知るだけでも随分違う。

――私もそう思うんですけれども、それをどう伝えたらよいでしょう？

葉：やっぱりわかりやすく、美しく、みんなが納得行くスタイルがいいでしょう。だから僕は絵本や言葉でということになるわけですね。エドガー・ケイシーの本などまさに次元を超えた人生のドラマのエピソードがいっぱいですね。そこんところを感じて欲しいですね。

――まず感動がないとだめですね。

葉：悪いことをすると罰が当たる。だから怖い怖いというのは単なる強迫になる。そうそう、この部屋から見る夕日はきれいなんですよ。毎日、朝日、夕日を見て暮らしたいもんですよ。やっぱり偉大さを感じますよね、この光自身に。偉大なるものは感動するし、だからとても重要だと思います。精神世界の本にはいろいろあります。古今東西の著名な人々がこのことを伝えています。しかし、人には好みがありますからね。いろいろな人がいて、いろいろな興味をもっていますからね。だから僕は、僕のやり方でやって、僕のやり方に共感できる人は、それはそれでいいと思っています。

ヒーリングアートとしての絵

――葉さんの絵には原風景があるような気がするのですが。

葉：それはね、阿蘇。阿蘇高原が山また山、丘また丘で、牧草地で、そこに木がポンと立っている。原風景があるんですよ。そしてお家や木をあくまで小さく小さく描く。すると自分自身の気持ちが良いわけですよ。忙しいときも、安らぐ。多くの人が「どうして」って聞く。それはみんなそういう絵だと心が安らぐでしょ。日常生活では物との距離がこんなに近いから。建物も学校も仕事場も。皆、広い景色を見たい人だと思う。それは感覚的にわかるのね。それでもっと理由を考えました。広い画面があって、線を描くだけでも一応安定します。何もないと、ちょっと不安がでるから。そこにぽつんと点景を置く。すると、観る人々の意識がそこに一点集中する。そして瞬間的にすーっと僕の絵の中に入って、溶け込んでしまうんですよ。一時的にある意味で幽体離脱しちゃう。時間は短かいけれど、そして、苦しみや悲しみやいろんな問題を抱えているのは、この肉体なのね。ところが、幽体離脱によってこの肉体をすーっと抜け出れたわけ。そうするとふっと楽になる。これも実際、海や空を見たときそういう現象が起こる。瞑想もある意味ではそうですよね。お釈迦様とかはすの花、あるものを思い描くことでそれに集中することができるわけ。何もないと雑念がどんどん入ってくる。だから僕の絵を見ていると意識が、ぴゅーんと絵の真ん中に行って、雑念を簡単になくしてしまうの。絵による瞑想ですね、これは。

僕は鏡になりたい

――葉さんは臨死体験に非常に興味をおもちですが、実際に臨死体験をなさったことがありますか？

葉：僕は実際にはありませんが、精神世界に触れることでそういう体験をしたようなものなのでしょうね。僕は僕なりの神秘体験があるんだけれど、人にはあまり話しません。それは、僕独自の体験であって、みなさんが、ああ葉祥明はこうかとわかってもホントはあまり他人にとって意味をもたないんですよ。人それぞれ違うんだから。だからテレビでも何かの伝記を見るとしても、まあ情報としては知的には感動したりしても、スイッチを切って終わりなのね。皆、自分は別って知ってるから。僕は葉祥明個人のキャリアに関心をもつよりも、僕をきっかけに自分自身に目が向くようにしてほしいですよね。すべての人が自分の内面を自分自身で探究してほしい。そしてその探究する広大な世界が広がるということを、エドガー・ケイシーも、ライフリーディングで教えてくれていると思うわけ。自分自身を深く探究することで普遍性に至り、より広大な世界を知ることでまた自分自身にも出会う。それは、両方必要なんですよ。それをうまく結びつけてほしいなと思うから。だからその時は、僕の人生、僕の顔、僕の人となりではなくて、自分はどうなのかと考えてほしいのね。だから僕は皆さんが自分自身を写すための鏡になりたい。僕の絵もそう。だから僕にとって精神世界は僕の生き方のすべての基本だけど、誰か特定個人を崇拝することはない。人間はひれ伏す傾向があるんですよ。特に自分ができないことをやれる人に対して。

――そっちのほうが楽だからでしょうね。

葉：うん、それはまかせられるからね。だけど、本当は個別化した以上人はそれぞれが自分の努力で魂の根源に帰還しなければいけない。永遠の時間をかけて、大いなるグレイトスピリットから出てきて、ほんとに何百億年かわからないけれど、そこに帰還する。帰りは自己責任。そのためにはやっぱり自分自身を自覚できないとダメだからね。ですから、誰かに従うことは責任を放棄しているということになりますね。そうするとまた時間かかりますよ、と。

――エドガー・ケイシーを「自分を見る道具」として使いたいと思うんですが、やっぱり上に置いてしまうんですよね。この人は偉いからついていこうって。

葉：そうすると自分自身の進化成長にとっては、逆にブレーキになりますよね。自己責任の放棄。実は、上下、偉い、低いはないのね。

子どもたちに知ってほしい「カルマ・転生・死・生」

葉：僕がカルマと転生も含めて、よく説明するのは、（手の指をさして）コレが１０

00年前の私、これ500年前、これ10年前、今の私。50年後の私といえますよね。これは親指とか中指とか、指の名前ついていて別々に見えるけれど、ここまで（手のひら）くれば一緒でね、これは僕の手ですよね。僕の体全体を神とすれば、今はここ、指先に意識があるわけ、この爪の先に。それで、死という形でここにある意識が手のひらに戻ってくる。ここへ戻ってくる自分の意識、別の指からもね。また、右手と左手は違う人間かというと、ここ（胴体）でつながっているんですね。だからそれぞれの指が、過去の自分・未来の自分でもあるわけ。名前と姿形は違うけれど、全部今は葉祥明と呼ばれている僕なんですよ。全部つながっているんですよ。なおかつ、こんなふうに全人類もつながっている。人類は親指だけだ、いや違うよ、動物たちとだって、命あるものという観点に立てばつながっています。いのちは、実は一つだということを子どもたちに知ってもらいたいなあと思いますよ。

——ホントに子どもたちに知ってほしいですよね。今教育は逆に対象分野を細かく細かく切っていますからね。

葉：たしかに細かいところにいっていて、すべてがばらばらでつながっていない。爪のかけらを指《さ》して、これが君だよって、っていうんですから。（いわれたほうは）途方にくれちゃいますよ。僕は爪かあ。全然楽しくないなあって。多くの人は大人になったときに、せいぜい俺、薬指なのか、と。これでも、やっぱ途方にくれる。だけど、この薬指は手のひらの中の一つであって、その手のひらは左手にもついていて、それらがすべてつながって人体を作っている。すると、エコロジー生態学も人類皆兄弟っていう言い方も、考え方も全部なるほどなあということですよね。

——子どもたちの前ではこういう話をされるんですか？

葉：あまりしないんですよね。チャンスがあればやりたいけれど、今はまだそういう話ができる状況ではないんです。今の学校教育は受験教育だから。僕は、こういうことは10歳までには知っておくべきだと思っている。それで小学校の４・５・６年生くらいで自分の将来、こういう生き方するんだというのをはっきりしてほしい。中学校に行ったら、ある意味で専門課程。そうすれば「読み、書き、計算」だけできれば、自分でコンピュータを使ったり、読書したりして、どんどんやっていけるんですよ。「ああしろ、こうしろ」といわなくても。だって本人の魂が一番知っているんですから。自分が何をすべきか、何をするためにこの世に来たか。

でも今はね、食べないと死ぬ。食べるにはお金が必要、お金が稼げないと死ぬ、お金稼ぐためにどうしたらよいか。いい職業か、一流企業に入る。一流企業、一流大学に行くためにはどうしたらよいか。そのためには勉強、受験。もう悪循環です。

――でも、今の両親たちもそれを子どもの頃に体験しているはずですよね。

葉：もちろん親の愛情で心配する。勉強しないと将来この子は職なしで、飢えて死ぬ、と。でも、死はない、原子も他の原子に変わるだけで消えることがないのと同じように、人間の魂、自分自身という意識も消えない。ちょうど小学校から中学校へ行くようなもの。別々に入ってきて別々に進学していく。ところが、この小学校のクラスメイトが消えちゃう、死という形で。そうすると悲しいつらい、おいおい泣くの。でも、その時にはクラスメイトたちは中学校で新しい勉強しているわけ。遅かれ早かれ、残されたクラスメイトも進学する。すると、あーまた会ったね、今度は君が級長さんで、僕は一般の生徒、次は自分が級長でといった役割の変化がある。中学校で終わりかというとそうではない。だから、このいのちのメカニズムの説明の仕方を物理的・科学的にやるか、宗教的にやるか、芸術的にやるか、まさにこの人類の文明という か知性は、この多次元宇宙のメカニズムの説明の仕方を求めている。難しく説明したり、恐ろしげに説明したり。

――確かにそうですね。でも今はまだ死んだらそれまでという声のほうが大きい。

葉：それは実体験がないということで否定されているんでしょうね。その中に臨死体験を入れてほしいなと思っています。臨死体験の本を読むこと。臨死体験した人たちが、あっちの世界は美しかったという。すべての一体感を感じて、そして、多くの人がこの世に戻ってきた後、ボランティア活動をするようになります。この臨死体験は現代に生きる我々にとってとても重要な現象ですね。だから臨死体験の本を真剣に読むことでそれらを学べるということになると思います。

自分だけ悟ればいいわけではない

――しかし、中には逆に臨死体験とか精神世界にのめり込みすぎて、現実的なことに対応できない人も見受けられますが、それはどのように思われますか？

葉：まず正しい知識と情報を手に入れることですね。本を1、2冊を読んだり誰かの話を聞いてのめり込んではダメ。10冊でもダメ、100冊読みなさいというんです。その上で自分で自分の知性と感性で判断するんです。

――それはすごいですよね。今若い人は読書する力も落ちているといわれていますが。

葉：だから読書の習慣がないとだめですね。子どもの時から読み聞かせしてもらって、大好きな絵本と出会うと、本というものに親しみが出てきて、読めるようになる。それと特定の組織に入らないこと。入るとその組織の論理に自分の考えや人生が左右されてしまう場合がある。だから、信仰心そのものは悪くないと思いますけれど、宗教には思わぬ落とし穴があるから、注意しないと。

――葉さんご自身も向こうの世界のほうが魅力的だと感じられたことがあったのですか？　その時現実へと戻ってきたのは何がきっかけだったのですか？

葉：それは、正しい読書をしたからでしょうね。ちゃんと転生とカルマ、生まれ変わりと現世との関係をきちんと本で読んで、全体を貫いているのは愛と奉仕であることを知ったからです。ガンジーやマザーテレサといった偉人の存在も重要でしたね。彼らは霊能者だったわけではないですが、ひたすらこの現世で人々の苦しみを取り除くために行動したんです。それが僕という船がさ迷わないための錨《いかり》になっているんですよ。あっちの世界に行きたいけれど、マザーテレサの爪の垢飲まなきゃダメ。この地球上で今、苦しんでいる存在があるのに、自分だけ悟りに近づいていていいのかという考えですよ。自分だけ修行やっていてもダメ。それでは悟ったことにならない。ただ、本当に悟ったら愛そのものになるはずですけれど、自己探求・自己成長、進化それと愛と奉仕。これは両輪ね。これがしっかり押さえられれば、安心して自己探求してもいいし、社会運動してもいいし。どっちかが欠けたままだといろいろ落とし穴もあるし、苦しいこともある。

お釈迦様とかイエスも、基本的には今自分がいるこの世でいかに生きるべきか、について語っていますよね。でも、ただこの世をいかに生きるべきかを、余り固苦しくやると辛いものがあります。だからスピリチュアリティを土台に置いた人生だったり社会活動だったりということが、僕にはちょうどいいかな、という感じかな。エコロジー運動をやっている人にはエドガー・ケイシーを読んでほしいし、あっちの世界ばかりに興味がある人には、マザーテレサを知ってほしいと思う。美や夢やロマンを大切にしたライフスタイルがとても重要です。

――バランスが大切ですよね。

葉：まさにここに肉体があるっていうこと、これが重要ね。僕のライフテーマは人生なんですよ。すべての人が生きている各々の人生を生きている。だから人生っていうのは、すべての人に関心があり、すべての人に関係がある。だから僕はすべての人に話が通じると思っている。宗教にわーっと行っちゃっている人も、スポーツやっている人も、少なくとも人生を歩んでいるのには間違いない。僕の核になるのは人生です。そして、その核になるのがスピリチュアリティー。人間も動物もこの地球で共に生きている魂の仲間です。

第5章

小松長生

（指揮者）

真の指導者は生まれてきた使命を受けとめている

PROFILE

小松長生（こまつ・ちょうせい）

福井県生まれ。東京大学美学芸術学科卒。イーストマン音楽院大学院指揮科卒。1985年、エクソン指揮者コンクール優勝。バッファロー管エクソン派遣指揮者、ボルティモア響アソシエート、カナダ室内管弦楽団音楽監督、東京フィル正指揮者等を経て、2004年よりセントラル愛知交響楽団音楽監督及びコスタリカ国立交響楽団藝術監督。これまでにモントリオール響、ケルン放送響、北ドイツフィル、ボリショイ劇場、キエフ国立オペラ等を客演指揮。音楽藝術学博士。

ケイシーとの出会い

小松：僕は1990年に結婚したんですけれど、家内（アメリカ人、ソプラノ歌手）がARE（エドガー・ケイシー財団）の会員だったんです。ちょうど僕がボルティモア交響楽団の指揮者をしていた時に彼女が体調を崩してしまったんですね。あそこにはジョンホプキンス大学という権威のある病院があるんですが、そこで癌だといわれました。

――それは驚かれたでしょう？

小松：ええ、別の手術をして、回復をみる過程で検査をした時に、そのうちの一つの検査にひっかかったんですね。そうなると抗ガン剤は投与しなくちゃならないし、もう一度手術もする必要があるといわれました。でも他の検査結果はちゃんとしていて、おかしいおかしいと。何か検査に振り回されている格好で……。だいたいその検査の結果が示すところだと、癌が体にまわってしまうはずなのに、きれいなもんなんですね。そこでどうしようかと思案して、アリゾナにあるAREクリニックに行くことにしたんです。

——AREクリニックについてはご存じだったんですか？

小松：彼女は知っていました。当時、彼女は闘病生活で体力を消耗していましたから、抗ガン剤やそれ以上の手術には耐えられない、と思ったんでしょう。結局2週間AREクリニックに滞在したんですが、帰ってきて再検査したら、問題がなくなっていて、手術もしなくていいということになったんです。その時はうれしかったですね。やっぱ医者のいうことでプレッシャーを受けて、余命幾ばくもないようなことを考えましたから。あと1年くらいしか二人の時間がないんだというのを真剣にね。それを機会に、ああなんて素晴らしいんだろうと感謝しました。

——それは素晴らしい。それから、小松さんもケイシーについて興味をもたれたわけですね。

小松：そうですね。そのことがあって食生活を見直すようになりましたね。僕はその頃すごく体重オーバーで95kgあったんですが、25kgくらい減量に成功したんです。

――ほう、どんな方法で？

小松：まずハーブティ、それに野菜とかを中心にしました。体重を減らすのが目的ではなく、体にたまった毒素を出して体本来の状態に戻すことで自然に体重が減ったという感じです。アメリカって食事悪いでしょ？　だから当時は僕一生懸命お米も炊いて、野菜炒めなんかも作りました。他にもいろいろやりましたが忘れました。でも今でもハーブティは毎日5、6種類飲んでいます。体調良くなりますよ。

――他には何か変化はありましたか？

小松：お酒もあまり飲まなくなりました（笑）。もちろん今でも飲むことは飲みますけど、昔ほど無鉄砲な飲み方はしなくなりましたね。お酒の味がわかるようになったし、お酒のありがたさがわかるようになりました。

それをきっかけに僕もケイシーの本を何冊か読ませていただいたんですが、自然とか宇宙のエネルギーっていうんですかね、他にもいろいろな表現がありますけれども、エネルギーのもつものの凄さっていうんですか、それに対する敬虔な気持ちをもちました。指揮者のやることといったら、古今東西の名曲を演奏するわけですが、たとえばマーラーやベートーヴェン、モーツァルトにしても、みんな散歩して自然の中に入って、自然とコミュニケートして自分を越えた存在からメッセージを受け取るようなことをやったわけです。もし、彼らの作品を音にする仕事をしている私がそういう存在に思いを巡らしたことがなかったとしたら、それではやっぱり聴衆にも伝わりっこないし、感動的な演奏もできるはずがない。オーケストラ団員たちをインスパイアすることも絶対できないと思うんですよ。

一連の体験の中でエドガー・ケイシーとの出会いというのは、それまでちゃらちゃらしていた僕に大地に足を踏むようにせしめた重要な経験だったし、それをきっかけにいろいろな出会いがあったと思っています。

音楽との出会い

小松：僕は福井県の三国町出身なんですが、４歳か５歳の頃ヘルベルト・フォン・カラヤンが日本のオーケストラを指揮しているのをテレビで見まして、その時に指揮者になるんだともう決めました。それからまねをしだしたりして。指揮棒とか蓄音機をすぐ買ってもらって、ずーっと一途に指揮者になるんだって公言していました。

――非常に目的が明確だったんですね。

小松：ええ、大学卒業後イーストマンに留学し、そこで4年間指揮の勉強をしました。そこはどんどん実地をやらせるんですね。日本の場合は、たとえば大学の指揮科に入っても卒業の時にちょっとオーケストラ触らせてやるみたいな感じだそうですが、向こうは谷底に落とすみたいな感じで、右も左もわからないうちから実地でどんどんやらせるんです。やっぱり力つきますよ。4年間ばっちりやりましたんで、1985年にエクソンの指揮者コンクールに優勝し、それから2年から3年の契約でメジャーオーケストラにスタッフの指揮者として派遣されました。

――いきなりですか？

小松：ええ、やっぱスタッフの指揮者じゃないとオーケストラも本腰を据えて仕事してくれないんです。それに指揮者というのはいいオーケストラと一緒にやるのがベストです。でないと、指揮者がチイチイパッパのすずめの学校の先生になってしまいます。音楽は一緒に作り上げるもので、互いにプロなわけですから、それぞれの役割をきちんと果たさないとね。だいたい楽器の演奏については、僕なんか絶対彼らの足下にも及ばないわけです。僕が何をやるかというと、音楽の方向性を打ち出すわけですよ。ベートーヴェンなりモーツァルトが書いた傑作の本来然るべき姿を自分の目で、自分という媒体を通して現前させるということですよね。たとえば同じ曲でも甘ったるい曲に見る人もいるし、本当に苦渋に満ちた孤独感を見る人もいますよね。自分はこの曲をこう捉えているんだと、要は北に行くか南に行くか、方向性を示すだけです。僕はそれを伝達する。彼らはそれを実行する。だから僕がきちんと表現しているのに、楽員がそれを実行しなかったら彼らの責任です。それを手取り足取り教えたりするのは僕の仕事じゃない。そこら辺で誤解が、まだ日本には多いみたいですが、アメリカなんかでは逆に役割分担の発想がはっきりしてますから、自分の責任を果たすこと、責任をとってもらうこと、とにかく責任の所在がはっきりしてるんですね。またそれこそがチームワークの原点でもあるわけです。

子どもの音楽教育について

――やっぱり日本と北米では考え方の違いがたくさんあるんですね。以前小松さんは音楽を通して心を癒す仕事をしたいといっておられましたが、現代の荒廃した日本の子どもたちの現状をどう思われますか？　また北米では青少年問題はどんな具合ですか？

小松：どこの世界でも荒廃したところはあると思うんですが、日本の場合特徴的なのは画一化していることでしょう。だからぷつんと切れるんでしょう。型にはめられているのは子どもだけでなく、大人でも同じじゃないかと思いますけど。

音楽教育でいうと、日本の場合、子どもに対するオーケストラや音楽の導入のところが完全に欠落しているんです。まず3〜6歳までを対象としたコンサートがほとんどないし、中高生対象のコンサートは指導要領に縛られている。なにせ子どもの集中力も考えずに、お金を払っているんだから1時間以上やれ、というんですから。大人のコンサートだって、40分やって20分休憩、それで後半40分という構成になっているわけですから、幼稚園の場合はせいぜい25分が限度ですね。ですから僕は90年に日本でも指揮しはじめて、学校のコンサートもやったことありますが、92年からは一切お断りしていました。現在は自分でプロデュースした教育コンサートをどんどんやっているところです。

――それはどのような子どものコンサートですか？

小松：児童心理学面ではボルティモア交響楽団で培った経験を生かし、曲の長さや視覚的楽しみまで細かく子どもの視点に立って配慮します。お子さんに静かにしなさいとか、公共の場ではちゃんと聞きなさいというでしょう？　あれで、ああクラシックはイヤだなという原体験を植え付けてしまうわけです。でも私が思うコンサートの楽しみって、ああ楽しかった、また来たい、これでいいんです。肩の凝らない楽しい体験をしてほしいですね。そうすると、それがきっかけになって質問も出るし興味も湧く。クラシックというのは30～40代になって良さがわかったという人が多いんですが、小さいときにその経験があって土壌ができていると癒しの度合いも違ってくるんじゃないかと、思うんです。

ビジネスとしての音楽

——全部自分の責任で、自分のプロデュースというところがいいですね。

小松：強引に。お金も見つけて。逆にそういうことに意義を感じていらっしゃる企業の方とか個人の方とかが多くなってきたのがうれしいですね。日本でもオーケストラの方が寄付金とかで苦労されていますけど、寄付金をもらいに行くとき相手に「クラシックの音楽の良さをわかってください」といっても、その人はカラオケは得意だけれど、クラシックなんてう一んと思っているわけです。本当に重要なのはクラシックの音楽が地域社会、教育、文化、経済などの将来に重要な役割を果たすということをわかってもらえればそれでいいんです。担当者に、あんたいいことしているんだろうな、と納得してもらえばそれでいいんです。

——う一ん、すごく現実的ですね。

小松：たとえば北米の都市もみんなそうでしょう？　メジャーオーケストラがあって、メジャーリーグがあって、アメリカンフットボールがあるでしょう？　地域社会のビジネスリーダーたちは一流の腕のいいオーケストラをもつということが、地域社会の経済復興に欠かせないということを知っています。

なぜかっていうと、経済興隆のためには優秀な企業と働き盛りの人材を集めてこないとダメでしょう。それには、自分の子どもたちに素晴らしい文化的環境がないとダメだと。北米ではみんな音楽教育とかスポーツとかバレエとかが子どもの教育にいいということをわかっていますからね。そういう場がないところには行かないですよ。

美術館もあり子どもたちがレッスンを受けようとすれば良い先生もいる、オーケストラにも気軽に行ける、ということを考えるわけですよ。おまけにオーケストラって社交の場として最適です。ポップスコンサートとかチャップリンの映画を大スクリーンでやったり、ブロードウェイのショーをやったりですね、タップダンスやフラメンコをオーケストラの演奏で踊ったりするんですよ。向こうはバロックもあれば、室内楽もある。子どものためのコンサートもあれば、昼間の老人のための肩の凝らないコンサートもある。それがないと逆に町は廃れていきますから、工場も建たないし、オフィスビルも埋まらない。したがって税収も入らない。

——日本もこれからそうなっていきますでしょうかね？

小松：ええ、そうですね、今サバイバルに着目しているオーケストラは生き残れるでしょうし、古いものにしがみついて変革できなかったら、後でもっとえらいことになるでしょう。各オーケストラも今そういうことに直面させられていますね。

瞑想のない宗教はない

小松：瞑想は毎日、ケイシーを知る前からやっています。それこそ瞑想のない宗教や生活は古今ないでしょ？　人類の歴史で。

——どうして瞑想を？

小松：友人から勧められましてね。瞑想から得た知識は示唆に富んでいますし、その時その時抱えている問題の糸口になったりしますから。

――よく続きますね。

小松：音楽監督って結構人間関係でぐちゃぐちゃになりますから、それがないととても生きていけないですね。ストレスがたまったときには心を落ち着けるために瞑想をします。視界が狭くなってきたなあと思う時、距離を置くつもりで瞑想すると、30、40分するとふっと体が軽くなるんです。自分の先入観とか凝り固まったものが取り除かれるんでしょうね。そうするとスーッと流れる状態になって、然るべき措置やアイディアが流れてくるんです。そういう意味では音楽の流れにも似ているんですよ。音楽が自然な流れに乗って波乗りのようにスーッと流れていくと、水が流れるようにエネルギーが流れて、作曲者とも演奏者ともそして聴衆とも一体になれるんです。こういう時に然るべき人が見ると、エネルギーの流れというのが見えるんでしょうね。

宇宙の法則と音楽

――そういえばよく胎教にモーツァルトやビバルディ、バッハがよいといわれますが。

小松：確かにいいでしょうね。あの頃の音楽は、宗教、数学、天文学とかに密接に関係しています。たとえば音階はすべて整数比に基づいています。ケプラーは惑星が整数比で並んでいるのを証明したでしょ？　16世紀のグレゴリア聖歌なんかはそういう発想で作られているんです。だから、音階の運行にも禁じ手とかあって、それは整数比とかで表されたりするんですが、音楽というものは宇宙にある音楽を地上界に移すもの、つまり音楽は耳という感応器で堪能するものであると同時に、耳に聞こえるのは一部分であって、それより上に宇宙の音楽がある、それを踏まえて作ったんですね。ですから、ビバルディなどの素晴らしい曲は、神から授かった聴覚を通じての、超越した世界への道しるべだったわけですよ。ですから哲学や音楽、数学などすべてつながっています。

今生の職業と前世の関係

——リーディングでケイシーは、音楽の才能というのは長い間培ってきたものだ、といっています。小松さんも今の指揮者という職業と前世が深い関係があると思われているようですが、どうでしょう？

小松：夢でちょっと出てきたこともありますし、他人からいわれたこともあります。僕はそれをどのくらい信じていいかわかりませんが、いろんな時と場所で将軍という か軍人だったようです。

——将軍として軍を統制していくところと、指揮者として楽団をまとめ上げていく過程がまったく一致するわけですね。

小松：ええ、指揮者になるために長い準備が行われたらしいですよ。おっしゃる通り、指揮者には将軍の要素が本当に大きいんです。決断に次ぐ決断です。次々と采配していかなきゃなりませんから。兵士と同様、オーケストラの団員もみんな専門のプロばかりです。バッファローにいた時なんて、百人いて僕より年下の人って二人しかいませんでした。みんな20年30年やっていて、僕が初めて指揮する曲なんかも10回20回やっているわけです。そんな中で僕のやることは何なのかというと、本当のことを指摘することです。しかも楽員がミスすれば全員わかるんですよ。だからそのミステイクが本当に単なるミスなのか、その人が誤解してミスしたのか、別な人が変なことをしたんで影響を受けて否応なくしたミスか、それを全部見分けて、公衆の面前で指摘するかしないかですよ。

――それはしんどいですね。

小松：職場で上司が、自分の権威を強要したり、相手を恐怖心で説き伏せようとすると、一発で部下はわかりますし、心はついてきません。真の指導者は、自分がこの世に生まれてきた使命を真剣に受けとめ、それを礎に行動すべきものだと思います。大勢に迎合したり右顧左眄するのではなく、常に本道を見据えていなければなりません。そうでないと従う側も一緒に高い理想に向かって登っていくことができませんからね。僕の夢の中の話なんですが、それまでは兵隊を調達するとき、村で力自慢の者がいないかと触れ回るだけだったわけです。それで僕は命令したのね、ちょっと口が回るのを連れてこいとか、頭のいい奴を連れてこいとか。口が回るっていうのは大勢の人の理解を得るために使うわけで、あと賢い奴には情報収集と分析をさせたりと

か、そういう発想を始めた軍人だったシーンを見たことがあります。

――なんか指揮者って統率者や経営のマネージャーなんですね。初めて知りました。小松さんの話は本当に面白くて、土台にケイシー的な理念を踏まえながらそれを自分の方法（音楽）を通して表現している人のパワフルさを感じました。今日は本当にありがとうございました。これからのますますのご活躍を期待しています。

第6章

五日市剛

(工学博士)

「ありがとう」「感謝します」の言葉が人生を変える

PROFILE

五日市剛(いつかいち・つよし)

1964年、岩手県生まれ。国立宮城高専を卒業後、豊橋技術科学大学に編入学。その後、マサチューセッツ工科大学へ留学。工学博士号を取得後、大手企業で新規事業を立ち上げ、たった2年で国内トップシェアを実現。また、世界で初めて「微紛末の高速フレーム溶射技術」を確立し、国際的に高い評価を得る。現在は企業経営の傍ら執筆活動を行ない、6社の顧問も務める。26歳のとき、イスラエル旅行での出会いがきっかけで人生がガラリと好転。その講演筆録『ツキを呼ぶ魔法の言葉』が話題になっている。

全国で大人気の五日市先生

——五日市先生、最近のご活躍すばらしいですね。講演会も大人気ですね。昨日も沖縄で講演されたとか。

五日市：昨日まで、沖縄だけで4カ所講演してきました。宮古島1カ所、沖縄本土3カ所ですね。聴衆は全部合わせると5000名になるそうです。

——すごいですねぇ。

五日市：例の小冊子(注1)がそれだけ普及しているということなんだと思います。僕自身、テレビに出ているわけでも、他に本を書いているわけでもないのですから。それを読まれた方が興味をもたれたんじゃないかと思いますね。今日はこれから千葉で講演することになっています。

（注1）『ツキを呼ぶ魔法の言葉』＝五日市さんが学生の頃、イスラエル旅行で体験

された数々の不思議な出来事をまとめた小冊子。楽天市場からも入手可能。

五日市：光田さんのお話は、だいぶ前ですが、フナイ・オープン・ワールドで聴かせていただいて、大変感動しました。

――そうでしたか、それはどうもありがとうございます。私も先日、横浜で先生のお話を伺って、ものすごく楽しかったですよ。あのお話を伺うと、やはり先生に触りたくなりますよね。うちの奥さんと娘も後から先生に触りにやって来ます。

五日市：アハハ、そうですか。そういえば先日、こんな話を聞きました。ある会社の社長さんがおりまして、その方には娘さん二人と息子さん二人がいて、それぞれみんな結婚していらしたわけですが、どうしたわけか何年経っても子どもができなかったんですね。社長さんはずっと孫を望んでおられたんですが。

それで僕の講演を聴かれた後で思われたんですね。「そういえば五日市さん、いってたよな。願い事は『こうなりました』って過去形でいい切って、最後に『感謝しま～す』っていえばいいんだって。そうすれば願い事が実現する確率が高くなるって」。

それで実行したんだそうです。「孫ができました。感謝しま〜す」「孫ができました。感謝しま〜す」って。

そしたら間もなくですよ。四人の子どもさんたちに、ほとんど同時に赤ちゃんができたんですよ。孫がいきなり四人も。

――エエ！　そりゃすごい。

五日市：本当にすごいですよね。

それから、これはある会社の話ですが、あるとき大口の取引先から取引停止の通告が来たそうです。その会社にとってみれば、その取引先を失うということは倒産につながる大変な事態だったのです。それで社長さんは急いで部下を連れて取引先に向かいました。そして先方に到着するまでの車中、部下といっしょに「これまで取引いただいて感謝します。また取引停止を取り下げてくださって、感謝します」と合掌しながら一心不乱に唱えたそうです。

会社の人たちは「１００パーセント無理だ」と諦めていたようですが、なんと奇跡的に取引停止を免れたそうです。

――それもすごい話ですね。

五日市：だから「〇〇〇が実現しました。感謝しま～す」というのは、一見バカげているんですが、結構奥が深いと思うんですよ。

――過去形で断言するところが……。

五日市：そうですね。もちろん実際にそうなりやすい人と、なりにくい人がいると思うんですが、そこにも何か理由があるんじゃないかと思います。

今年ＷＢＣ（ワールド・ベースボール・クラシック）の試合で王ジャパンが優勝しましたでしょう。あの試合では３勝ゼロ敗で松坂大輔投手がＭＶＰに選ばれましたよね。実は、ＷＢＣの試合が始まる前に、ある人から頼まれまして、例の小冊子「ツキを呼ぶ魔法の言葉」にサインをして、松坂大輔さんへ間接的にですが、お渡ししたんです。

――ほう！

五日市：彼がそれをよく読んで試合に臨んだとすると、たとえば「次のバッター、打ち取ることができました。感謝しま～す」といいながら投げていたかもしれませんね。これはご本人に聞いてないからわかりませんが、もしお役に立てているのであれば嬉しいなぁと思っている次第です（笑）。もちろん、プロ野球開幕後、今年の彼はずっと絶好調のようですよ。

――いろんな方のところに届いているんですね。

五日市：バカバカしい話に聞こえるかもしれませんが、僕もサイエンスをかじった人間なので、このメカニズムを解明できないかなぁと思ったりします。

「マーフィーの法則」ってあるじゃないですか。強く思っていることが実現されるという法則ですが、幽体離脱の坂本政道さんなんかは、いくら強く思っても、思っているだけではなかなか願望は実現されないのではないかとおっしゃっていますね。

私に『魔法の言葉』を教えてくれたイスラエルのおばあさんも、「言葉というのは口に出して初めて命をもつ」といっていましたね。昔から『言霊』という概念がありますが、やはり声に出さなければならない。「塩ラーメン食いたい〜〜！」と強く強〜く思っていても、ウェイトレスに「味噌ラーメン」といっちゃうと、出てくるのは味噌ラーメン。塩ラーメンはまず出てきません（笑）。

――なるほど、思っているだけじゃダメなんですね。

五日市：それから光田さんは、今日これから北原（照久）さんに会うでしょう。昨年、あの方の別荘に招かれたときに、北原さんご自身からお伺いしたことですが、「五日市さん、そうだよね。五日市さんの本に書いてあるように、感謝って大事だよね」って。「感謝の『謝』って、『言』を『射る』って書くでしょう。だから、感謝を伝えるときは、相手に言葉を射らなきゃいけないんだよね」。なるほど、いわないと相手に『感謝』が伝わらない。となると、『謝罪』もそうでしょう。う〜ん、確かにそうだなって思いましたね。

わが家での実体験

――言葉の威力については、わが家にも実体験がありますよ。

五日市：それはどんな？

――斎藤一人さんという方がおられますよね。

五日市：銀座まるかんの？

――ええ、そうです。ある方のご紹介で、一人社長と知り合うことができ、一人社長から「ツイてる」という言葉の威力を教えてもらったんです。

うちではこれを娘の受験の時に使いましたね。試験に合格するよう、私と奥さんと娘の三人でスクラム組んで「ツイてる、ツイてる、ツイてるぞ」って。試験の1週間前くらいからやりましたね。毎日何十回も。それこそお題目を唱えるように。近所の人たちは新興宗教でも始めたんじゃないかと思ったかもしれませんね。

五日市：家族三人で、そりゃすごいですね（笑）。

――志望校に合格できたのも、運が良かったんだと思います。

五日市：アハハ、それは良かったですね。

話は変わりますが、光田さんが代表を務めておられる日本エドガー・ケイシーセンターのような組織は、世界各地にあるんですか？

――アメリカにはＡＲＥ（エドガー・ケイシー財団）という本部があります。ケイシー存命中に設立された組織で、ケイシー没後15年くらいして財団として認可されました。ヨーロッパにもARE本部の承認した組織が全部で20カ所くらいあります。

五日市：今もケイシーのような能力を発揮している人はいるんでしょうか。

――分野を限れば、かなりの能力を発揮する人たちはいるんですが、エドガー・ケイシー級の能力者となると、少なくともわれわれが知っている限りではいません。ケイシーのようにあらゆる分野に対して、質問に答えられる能力者はいませんね。

五日市：ケイシーって、どんな質問にも答えるじゃないですか。だから僕は、初めてその話を聞いたとき、異なる分野の博士号をたくさんもっているような人かと思ったんです。ところが、高い学歴がないことをあとで知り、びっくりしました。

――今でいう「高校中退」ですよ。15歳で働きに出るわけですから。

五日市：いろいろな博士号や専門的な資格をたくさんもっているような博識の人がどんな質問にも答えるなら、まだわかるんですが、そうでないケイシーさんが答えているところに、余計に信憑性を感じますね。ものすごく興味深いです。

工学におけるケイシーの業績

――実は材料工学にも貴重な情報を残しているんですよ！

（注：五日市先生のご専門は材料工学であり、偶然にも、光田も材料工学の出身）。

五日市：へー、そうなんですか。そういわれると、なんだかビリビリしますね。

――僕もいつか試してみたいと思う実験があるんですよ。実は、鉄と金を合金化させるある特殊な方法をケイシーは述べているんですよ。

五日市：えっ、鉄と金で合金ですか？　う〜ん、高温で鉄に金が少し固溶しますが、合金化はしないですよね。

――通常はしません。

五日市：いかなる化合物も作らないですよね。大学の教科書で習った平衡状態図を見れば、そうしたことはだいたいわかります。

――そうなんですよ。状態図を見ればわかります。状態図で見る限り、合金化しないんです。

五日市：金は化学的に安定な元素ですものね。

――そうです。だから、材料工学をやっている者にとって、そこが驚きなんですよ。鉄と金で合金を作る。ケイシーは、これによって非常に優れた性質の材料ができるというんです。

五日市：ほー。

――その手順もケイシーはある程度述べています。普通に溶かして混ぜたくらいでは合金化しないんです。

五日市：金の融点が１０６４度で、鉄が１５３５度ですから、少なくとも１５００度くらいまで加熱して溶かすことになるんでしょうが。でも合金にはならないでしょうね。

――電気的な力を利用して合金化するということなので、加熱して溶かすのではなく、水溶液に溶かして電気冶金的に作るのではないかと思っています。

その他にも、ケイシーは電気工学の分野にも業績を残しているんですよ。

五日市：そうなんですか。

FMもケイシーの考案

――この話は最近、講演会でもするようになったのですが、ラジオのFM放送ってありますよね。あのFMという方法も実はケイシーの考案なんです。

ＦＭという変調方法はアメリカの二人の電気工学者が考案したことになっていますが、実は、そのうちの一人であるミッシェル・ヘイスティングという人がエドガー・ケイシーの信奉者で、雑音の多いAMに変わる電波の変調方法を求めてケイシーから何度もリーディングを得ているんです。それらのリーディングがヒントとなって、振幅変調（AM）に代わる方法として周波数変調（FM）という方法が得られたんです。これは考案者のヘイスティング自身がそう述べています。

五日市：ケイシーも特許を取っていれば大金持ちになっていたでしょうね。

――他にもケイシーのリーディングの中には未発掘の情報がたくさんあって、そういった意味でも大変面白いんですよ。

五日市：ケイシーは日常生活の中で、そういうリーディングのような情報やアイデアがポンポン出たわけではないんですよね。

――ええ、普通に目覚めている時には出ません。催眠状態に入ることでリーディングが可能になるのです。

五日市：ということは、われわれ一人ひとりにもそういう可能性があるんですかね。

――ケイシーはそのようにいいますね。「自分がやっていることで、他の人にできないことは一切ない」といっているくらいです。ただし「それに見合った代価を払わなければならない」といっています。

五日市：代価……

――それだけの代償を払わなければならない、という意味です。それに見合った訓練をするとか、心を浄化したり、我欲を切り捨てていく、といったことが求められるのです。

ケイシーの場合には、彼のいくつかの過去世が、リーディング能力の発現に結びついています。

五日市：過去世ですか。やっぱり前世はあるとケイシーはいっているのですか。

――そうです。人間には前世があるとケイシーは強く主張します。

五日市：ケイシーはクリスチャンですよね。

――そうです。だからリーディングに前世の情報が出始めた頃、ケイシーは非常に戸惑いました。

五日市：最近、脳を研究する学者の中に、前世の記憶といわれるものや、幽体離脱といった感覚も、すべて脳のいたずらだという人たちがいますね。でも僕は生まれ変わりを信じますね。イスラエルのおばあさんも「生まれ変わりってあると思うわ」といっていましたから。厳格なユダヤ教徒のおばあさんがですよ。だから、生まれ変わりって興味ありますね。ケイシーもそういっていたわけですね。

――「ケイシーも」というより、欧米で生まれ変わりを初めて具体的な形で示したのがケイシーだと思います。

五日市：そうなんですか。じゃあキリスト教徒から批判もされたでしょうね。

――批判どころか、ケイシーは晩年に教会から破門されています。

五日市：破門ですか。

――家の周りに聖水をまかれたりもしましたね。

五日市：そういう嫌がらせも受けたわけですね。

――嫌がらせというより、近くの牧師さんや神父さんは、ケイシーには悪霊か何かが憑いていると本気で思って、それで善意で聖水をまいてくれたんですね。

五日市：善意ならまだいいですね。

ところでエドガー・ケイシーに答えられなかった質問って、ないのですか。

――答えなかった質問はあります。

五日市：答えられなかったのではなくて、答えなかった。

――そうです。「このことは人間には理解できない。肉体にある人間には理解できない」という理由で答えを与えなかったケースがいくつかあります。

五日市：そうでしょうね。それこそいろんな質問が来たでしょうから。

――エジソンや（ニコラ）テスラもケイシーのところに来ています。

五日市：ほー、テスラも。

――ええ、つい最近、テスラ財団からエドガー・ケイシー財団に連絡があり、テスラの残した資料の中にケイシーと共同で考案したものがいくつかあり、それをケイシー財団に戻したいというオファーがあったということです。

五日市：テスラというとものすごい発明家で、今の世の中にも非常に貢献していますよね。その発想の原点にケイシーがかなり影響していたんですね。

――エジソンが晩年に「霊界ラジオ」を作ろうとした背景にも、ひょっとしたらケイシーの影響があったかもしれませんね。

お金は使い方が重要

五日市：なるほどね。話は変わりますが、僕はイスラエルのおばあさんから箱を2つ頂いた際、そのお礼に無理して1万円払ったのですが、その時に、そのおばあさんが「やっぱりね。あなたはお金の使い方を知っているのね」といわれました。その時に

「お金の使い方」って何だろうと思ったのですが、お金というのは、如何に得るかとか如何に貯めるかよりも、如何に使うかが大切なんだな、とこの頃思うようになりました。そのことをイスラエルのおばあさんは示唆していたのかなと思うと、感慨深いものがありますね。

だからお金にもルールがあるんだなと思うようになりました。ケイシーはお金についてどんなことをいっているのですか？

――まず基本的な考え方として、お金は神のものであるといっています。

五日市：神のもの。ホー。

――リーディングは聖書の言葉を使って「金と銀は誰のものか。数千の丘の上の家畜も神のものである」、「地と地に満てるものは神のものである」という言い方をします。

「地と地に満てるもの」というのは、お金も含めたあらゆるものが神の所有であるという意味です。お金は自分が稼ぐというより、自分の働きに応じて神が貸し与えてくださるもの、神はご自分のものを自由に分配する権能をもっておられると信じ、きちんと生きていれば神がきちんと配慮してくださるという確信の上に安心するのです。

それから世の中全体のお金の流れに関していえば、ケイシーの主張はしばしば「エコノミックヒーリング」という言葉で表されます。

五日市：エコノミックヒーリングですか？

――お金は人々の奉仕の力を円滑にさせる血液のようなものであると考えるんですね。お金を稼ぐことそのものが目的になるのは歪んでいるんです。そういった意味で、現代の経済は癒されなければならないわけです。

五日市さんは座敷童？

――先日の先生の講演を聴いてうちの奥さんと一番ウケた話は、座敷童《ざしきわらし》の話だったですね。

五日市：座敷童というのは、東北地方に伝わる「幸せをもたらすお化け」というか精霊なんですね。まあ妖怪という人もいるんですが。

「幸せを運ぶ」という意味ではお化けや妖怪ではありませんね。座敷童はその家に棲みついている時には確かに幸せをもたらすのですが、その家からいなくなると大変なんです。不運が起こってしまう。そういった意味ではちょっと怖い存在なんです。

実は座敷童が出ることで有名になった岩手の旅館は、五日市家の本家なんです。金田一温泉の中にあり、テレビでもよく取り上げられてきました。

確かにその旅館は僕が子供の頃、とても繁盛していましたね。座敷童伝説というのがあり、雑誌やテレビで頻繁に紹介されていましたからね。『槐《えんじゅ》の間』と呼ばれる部屋があって、そこに座敷童が出るという伝説がありまして、いまだにその部屋の宿泊予約が数年先まで一杯らしいです。

僕がその町に住んでいた頃は、その旅館を含め、温泉街は賑やかだったんですが、僕が他県へ引っ越した頃から急にさびれてきたんです。だから僕の両親や親戚、友人からも、「おまえが座敷童なんだろう」って半分冗談でいわれたことがありましたね。

――アハハハ、五日市さんが座敷童。

五日市：実際、僕の体調が良い時には天気が良くって、体調が悪かったり、行きたくないところに行かなくてはならないときは雨が降りやすい傾向があります。子どもの頃、お祭なんかによく連れて行かれました。「おまえ今日はこっち来い」なんてね。お祭って雨が降ると大変でしょう。だから隣町にも呼ばれたことがありましたね(笑)。

――隣町からも！　それは面白いですね。

五日市：なかには、「この子がいると契約事がうまくまとまる」というので、大人の人たちに連れ回されたこともありました。実際、契約はうまくまとまり、ビジネスは順調にいったみたいですね。

それから僕がＭＩＴ（マサチューセッツ工科大学）に留学していた時ですが、僕が所属した研究室の教授は、僕が来るまではあまりアクティブな研究はしていなかったのですが、僕がお世話になってから急にアクティブになり、外部から研究費もたくさん獲得するようになりました。学生の僕にもかなりの予算を付けてくれて、お陰で十分満足のいく研究をすることができ、いい論文を書くことができました。その論文がアメリカで高く評価され、なんとAmerican Welding Societyから名誉な論文賞をいただいたんです。

――ホー、それはすごいですね。

五日市：日本人としては歴代で三人目なんだそうです。僕がＭＩＴにいた2年間は本当に充実した研究を行うことができましたね。でも、僕が日本に帰ると、その研究室の教授は病気になってしまい、研究も不活発になってしまいましたね。

――アラアラ。

五日市：日本に帰って博士号を取得すると、ある大手の会社に就職したんですが、そしたらその会社の業績がグンッと良くなりまして。会社の人たちからは「君はいい時に入社したな」っていわれましたね。

それから数年後、名古屋の会社にヘッドハントされたのですが、僕が入った年に、その会社は創業以来の最高益を出したんですよ。僕のボーナスも、それまでの3倍くらいに増え、年収もド～ンと増えました。ですから妻が喜びましてね。ただ、残念なことに僕が退社した大手の会社は、その後まもなく赤字に陥り、大変なことになりました。不思議ですね。そして今は独立して数社の顧問を務め、自分でも会社をやっているわけです。

このような現象をもたらす人って、ちらほらいるようですよ。僕が知る限りでも数人おります。たとえば、ある大企業に勤めている友人がいるのですが、彼が転勤すると、必ず転勤先の業績がグンと伸びるんです。でもそこを去ると、業績がド～ンと落ち込んでしまう。彼が故意にそうしているわけでもないのに、面白いですね。

イスラエルのおばあさんの言葉

五日市：あのイスラエルのおばあさんは、小冊子の中では魔女っぽく書かれてありますが、僕は普通のおばあさんだと思っています。決してぶっ飛んだ話ではなく、当たり前のこと、つまり道徳的・倫理的なことを僕に教えてくれたんだと思います。ただ、ユニークなのは、嫌なことがあったら「ありがとう」、嬉しいこと、楽しいことがあったら「感謝します」といいなさい、とおっしゃったことです。要はどんなことにでも感謝する、ってことですね。

――嫌なことがあったときにも、嫌なことがあったらなおさら、サンキューというわけですね。

五日市：そうそう。昔からいわれてきたようなことなんですが。でも、実際に目の前で嫌なことがあったら、なかなかそのことに感謝できないじゃないですか。だから、スッといいやすいように、「嫌なことがあったら『ありがとう』」を自分にインプット。しかもすぐにいう。これがコツですね。

イスラエルのおばあさんに「ツキを呼ぶ魔法の言葉」として「ありがとう」「感謝します」を教えられた頃、僕の人生は本当にどん底でしたから、「よ〜し、そんな言葉で本当に人生が好転するなら、日本に帰るまでの間に、その言葉を自分のものにしてやる！」と堅く決意しました。

ですからお店でマジックを買ってきて、自分の手の甲に「ありがとう」「感謝します」「俺って運がいい」「ツイてる！」と書き、服に、シャツに、パンツにまで書きましたね。部屋のいたるところにも、そう書いた紙を貼りました。

イスラエル滞在中、たまに日本人旅行者に会いましたが、そういう日本人からは「あいつ、馬鹿なことやっている」なんて目で見られました。僕はもう本気でしたからね。「笑いたい奴は笑えばいい。でも僕は日本に帰るまでに絶対にこの言葉をものにしてやる。絶対に口癖にするぞ！」と気合が入っていました。

日本に帰ってからも、ポストイットに「ありがとう」「感謝します」と書いて、部屋中に貼りまくりました。車のハンドルのところにも貼るわけです。そして運転中に何度も見ては「ありがとう、感謝します」っていうわけですが、時々、軽自動車やベンツなんかが脇から強引に割り込んで来るんですね。その時は「なんだコノヤロー！」と怒りが湧いてくるのですが、「あぁ、いかんいかん。ありがとう、ありがと～う」とすぐにいって気持ちを切り替えるんです（笑）。

習慣化するまで、そういうことの繰り返しでしたよ。

イスラエルではある意味、死ぬ気でやっていましたから、日本に帰ってからはスッとできましたね。

僕はイスラエルに行くまでは人間関係ですごく悩んでいましたが、イスラエルから帰ると、ガラッと変わりました。自分が変わると周りが変わるということが本当によくわかりましたね。

自分がそういう体験をしたものですから、言葉って本当に大切だなって思いましたね。イスラエルに行く前の自分はずいぶん言葉を軽視していましたからね。今思うと、信じられないくらいイヤな言葉を安易に使っていました。イスラエルのおばあさんは、「人は言葉通りの人生を歩むのよ」っておっしゃっていましたが。ホント、その通りでした。

――ケイシーは「あなたは自分の発したひと言ひと言に出会う」っていっていますね。

五日市：自分が発したひと言ひと言に出会う――凄いですね。その通りですよ。

――ですから、僕の口癖は「素晴らしい！」です。何を見ても「素晴らしい！」です。

ケイシーはよく「讃えなさい。神を讃えなさい。自分を讃えなさい。周りの人を讃えなさい」っていいますね。だから「自分も素晴らしいし、自分を造り出した神も素晴らしい。その神が造り出した他の人々も素晴らしい」と、こうやるわけです。

五日市：なるほど。そうですよね。イスラエルのおばあさんの教えと通じますね。

――ええ、通じますよ。

五日市：そういえば、先日、ある講演会に呼ばれたのですが、その数百人の方々の前でお話しした後、懇親会がありました。

その懇親会の最後に豪華賞品のくじ引きがあったんですが、そのくじ引きが始まる直前に、ある女の子がつかつかと私のところに寄ってきて、「五日市さん、握手してください」というので、握手しましたら、「1等のプラズマテレビが当たりました。感謝しま～す！」とみんなの前で大声でいったんですね。

僕は彼女にニッコリ笑って、「大丈夫、きっとそうなるよ」といってあげたんです。頭の中では、全然そんなこと思っていなかったのですが、とにかく言葉ではそういってあげたんです。そしたら彼女はますます喜んでくれましたね。

さて、そのくじは目隠しした人が当たりくじを選ぶ公正なものだったのですが、なんと、最後に彼女が残って本当にプラズマテレビが当たったんですよ！

当たった時のみんなの反応はすごかったですね。結局、その場にいた方々の多くが僕のところに押し寄せて来て「五日市さん、握手してください」「握手してくださ〜い」って。それはそれはすごかったです。場内大パニック。中には僕のお尻まで触る人がいましたね。

――アハハハ。いやー、私も先生の講演会が終わった後で、「なにがなんでも先生に触りに行こう」と思いましたよ。

五日市：でもね、そういう現象って、何か（理由が）ありますよね。僕に不思議なパワーがある云々ではなくて、その人の心に何か変化があったはずですよ。そして発した言葉と心が一致し、望む現象が現実に起こった……その辺のメカニズムがうまく解明できたら面白いだろうなって思うんです。

それから最近は船井幸雄さんなどが、あちこちの講演会で「五日市さんの名刺をもっているだけでツイてくる」なんて話されているものだから、講演会に呼ばれるときに「五日市さん、名刺１０００枚もって来てくださいね」なんていわれることがあります。僕の名刺で運が良くなるなんていう人がいますけど、結局、そう深く信じて僕の名刺をもつことで不安・心配が軽減し、マイナスの言葉も少なくなって、結果として運が良くなっているだけじゃないかと思うんです。それで気付かぬうちに人生が好転してくる。でもそれは、すべてその人自身が生み出したものだと思うのです。

——お守りみたいなものですね。

五日市：不安・心配がすべてのトラブルの元凶かもしれませんね。イスラエルのおばあさんがいっていましたが、「ありがとう、感謝します」と言い続け、きたない言葉、悪い言葉は口から発しない。怒りそうになったら、ちょっと深呼吸して、別な言葉で優しく伝える。これらのことを習慣化すれば、いいわけです。人生を変えようと思ったら、大きい努力なんて必要ない。必要なのは小さな習慣だけです（注：実はコレ、五日市先生得意の決めゼリフ）。僕、この言葉、好きなんですよ。これですね。座敷オヤジがいうのだから間違いないですね。

——アハハハ、座敷オヤジ、いいですね。

われわれも五日市さんに習って、建設的な言葉を出すことを心がけ、人生をより豊かで意義深いものにしていきたいです。

第7章

吉元由美

(作詞家)

夢は魂からのメッセージ

PROFILE

吉元由美(よしもと・ゆみ)

1960年東京生まれ。成城大学英文科卒業後、広告代理店勤務を経て、1984年6月作詞家としてデビュー。これまでに杏里、山本達彦、中山美穂をはじめ、平原綾香のデビュー曲「Jupiter」(100万枚達成)など数多くのアーティストの作品を幅広く手掛け、ヒット曲も多数。またリリックプロデューサー、コンセプターとして制作に携わることも多い。1991年10月に作家としての処女作「さよなら」を刊行し、以降作家、エッセイストとしても多方面で活躍中。著書に『しあわせになる恋愛セオリー』(大和書房)、『「ひとりの時間」を楽しむ本』(三笠書房)、『「大人の女」になれる29のルール』(PHP研究所)他多数がある。また『雨よりせつなく』(短編集『いつもなら泣かないのに』大和書房より)が原作として映画化された(2005年2月公開)。近著は『「わがまま結婚生活(ふたりせいかつ)のすすめ』(三笠書房)を刊行。最近では松井五郎プロデュースのポエトリーミュージック第2弾CD「Libido game」に参加。モバイル、インターネットの有料公式占いサイトでもエッセイを連載中。

音楽のもつ力

――この度は、平原綾香さんの歌として作詞された『Jupiter』のミリオン達成、おめでとうございます。

吉元：ありがとうございます。

――先般の新潟県中越地震の被災地でも、被災された方々を勇気づける歌として『Jupiter』が最も多くリクエストされたそうですね。

吉元：朝のワイドショーの小さなトピックの一つとして取り上げられたのですが、新潟のＦＭ局のリクエスト・ナンバーワンと聞いて平原さんはもちろんスタッフたちもみんな感動しました。『Jupiter』を制作したとき、それが何なのかはまだわからなかったのですが、制作に携わった全員がこの歌のパワーというか意義のようなものを感じていたように思います。打ち上げ花火のようなヒットではなく、今こそ伝えたいことをきちんと伝えたい、そして平原綾香なら大きなテーマを伝えられるアーティストだという深い確信をもちました。

リリースしてからほどなくヒットして話題になりうれしかったのですが、今回の新潟でのリクエストのことを聞いて真摯な気持ちになりました。これこそが音楽のもつ力なんですね。人間の心の内側から歓喜を呼び起こすことができる。そんなプロジェクトに参加できて、クリエイターとしてしあわせです。

その年は作詞家でデビューして20周年だったのですが、神様からのご褒美だったような気がします。

ワンネスを歌に

――「Every day I listen to my heart、ひとりじゃない」というあの有名なフレーズは、ケイシーの唱えるワンネスを思い出させます。ケイシーファンにとってもとても心に染みる歌だと思います。

吉元：そうですね、そうかもしれません。ワンネスという意識をテーマにした歌は、

92年に杏里に書いた『ONE～愛はふたりの言葉だから』が最初です。『Jupiter』は宇宙的な壮大な拡がりと同時に、人間の心の深淵へと深くもぐっていくような世界。『ONE～愛はふたりの言葉だから』は、すぐ隣りにいる人のぬくもりと自分のぬくもりが重なり合ったような、また遠くにいる人のぬくもりもここにあるかのように感じられるような世界を歌っています。アコースティックなアレンジで、すごく心に滲みる歌ですよ。

ワンネスという意識についてですが、私は実際に胸の奥のほうで強く感じたことがありました。何ていうのか、気づきとか、悟りとか、そんな感覚ですね。その場には十数人の人がいて、その人たちの痛みや悲しみや怒りや変わっていこうとする意識やどうにもできないエゴのような感情が渦巻いていたのですが、その中で「みんな同じ。つながっている」と思ったんですよね。同情でもなく、理屈でもなく。自分の感情もその渦の中にあったしね。

だからといって、みんな手をつないで頑張ろう！　ということではないのね。その意識を感じた時、ふっと胸のつかえが取れたような不思議な感覚でした。それから、何となく自由になれた気がします。

自分を知りたくて夢を

――吉元さんは、作詞家・作家としてご活躍ですが、そのほかに夢について勉強し、それをお仕事を含め人生に活かしておられるとお伺いしていますが、そもそも夢に関心をもたれたのはどのような理由からですか？

吉元：それは、やはりなぜそのような夢を見たのか意味を知りたい、と思ったからでしょうね、単純に。夢の意味を知りたいという思いを突き詰めれば、自分を知りたいということになりますし、さらに今、自分はどうしたらいいのか知りたい、と実践的な欲求になりました。私の中で夢という存在が進化していくという感じです。

たとえば、デビューして数年間、何しろ忙しかった。１日置きくらいに締め切りがあって、その上、打ち合わせや取材や、とにかく朝の部、昼の部、夜の部で別の仕事をするといった状況でした。その頃は、毎晩毎晩試験の夢です。試験中に鉛筆が折れたり、消しゴムで消したら答案用紙がびりびりになってしまったり。卒業の単位が1課目分足りなくて卒業できないとかね。夢はもうひとつの現実っていわれるように、まさに寝ている間も『現実』。すごく疲れました。また、追いかけられて助けを呼ぼうとして声が出なくなる夢もよく見ました。自分の感情を自分でもわかっていなかったり、表現できていなかったんですね。このような自分の現状はとてもショックでした。よくわかっていると思っていましたから。

――作詞や小説などを書かれるときの創造性と夢を見る力には、何か深い関係があるのでしょうか。

吉元：作品や創造性と夢との関係はよくわからないけれど、自分の夢を通してそのときどきの自分の在り方と自分がチャレンジしていく方向性を見つけていくのは井戸掘りみたいなもの。ゼロから作品を創るのも井戸掘りのようなことですから、私は井戸掘りばかりしていることになるのかなあ。やりすぎると疲れますね。ときどき考えることを休むことも、夢を休むことも必要だと思います。

夢を学ぶ

――吉元さんのご著書の中で、夢に関して坂内慶子先生（ケイシー流夢解釈の第一人者）のドリーム・セラピーの講座を受講されたということが書いてあったのですが、具体的にはそこでどのようなことを勉強されたのですか？

吉元：ドリーム・セラピストの技法を学ぶ講座ですが、ケイシーの「夢は変容の種火である」という言葉の通りです。あるアート・セラピーの学校に坂内さんの夢のクラスがあり、アート・セラピーと共にドリーム・セラピーも受講しました。

　ドリーム・セラピーでは理論はほとんど教わりません。ひたすら自分の夢を感じて、自分を感じるという作業です。ところがこれがつらい。自分のことなのに、自分には自分の夢がわからない。なぜなら夢は夢主に解決すべき問題を手を変え、品を変えつきつけて来る。つまり、夢が直面したくない、ずっと避けてきた自分自身と対峙することを迫ってくるのです。

まず最初にインキュベーションをやりました。かつてギリシャのアスクレピオスの神殿で行なわれた病気治療のために患者のための夢を見る、という治療法です。その時は、受講者全員が私の問題解決のための夢を見ることになりました。私の問題を誰も知りません。翌週、みんなでその夢の絵を描きました。いろいろな人がさまざまな夢を見たのですが、どの夢も不思議なくらいに私の問題を言い当て、そして解決の糸口へと導いてくれるものだったことを憶えています。でも、その時私には自分の問題が見えていなかった。もどかしいくらいにね。

結果的にはみんな夢を通して、やっと自分の問題に気づいたといっても過言ではありません。このときに、集合無意識というか、人間は深いところで共通の地下水路をもっているような、そんな気がしました。そしてドリーム・セラピー講座のクライマックスは、いちばん古い夢からトラウマを探るセッションでしょうか。私はこのセッションを通して、すごく強くなった気がします。

――坂内慶子先生は、ケイシー流の夢解釈の第一人者でいらっしゃいますが、わざわざケイシー流の夢解釈を学ばれたのは何か理由があるのですか？　日本には、他にもいろんな夢理論に基づく夢解釈の講座があると思うのですが。

吉元：自分の夢の意味を知りたくて夢辞典を探していたのですが、ほとんどの夢辞典はピンと来ませんでした。何だか夢占いといった感じで、厳しくない。口当たりがいいだけのお菓子みたいで、はっきりいってどれも気に入らなかった。

でも坂内さんが翻訳された『ドリーム・ブック』を書店で手にしたとき、それこそ矢が的の中心に突き刺さるように私の感覚にぴたっと来たんですね。いつか坂内さんに会ってみたいなあ、と半ば憧れの気持ちでした。

そしてアート・セラピーを勉強してみようとパンフレットを開くとそこに坂内さんの講座があって、とてもうれしかったことを憶えています。憧れの気持ちも吹っ飛ぶくらい鍛えられたけれど、だからこそ今でも坂内さんには深い憧れと敬愛の気持ちをもっています。

夢から得られたもの

——夢について学んで、吉元さんご自身は、人生にどのような変化がありましたか?

吉元：そうですね、自分の中心にしっかりと立つようになれたように思います。ぶれない、というかぐらつかない、というか。夢というもう一つの現実を通して、本当は追いかけられている自分や、休んだほうがいい自分や、悲鳴を上げている自分、明らかにやり方が間違っている自分を見て、そのメッセージについて考えて、行動に移してみる。そうすると、確かに方向性が定まってくる。

簡単な例ですが、何年か前に何ものかに追いかけられる夢を見ました。夢の中で私は逃げたり隠れたりするのですが、「ああ、そうだ」と思って家に戻りテレビをつけます。するとテレビに追いかけてくる者が今どこにいるのかが映し出される。次に私は逃げずに追手を迎え撃って退治する……という夢。

その夢のメッセージは本当にシンプルで、「自分が今何に追いかけられているのか客観的に見なさい」ということですよね。その当時、いくつもの仕事を同時進行で抱えていて、少々パニックでした。仕事の優先順位をつけて、淡々とこなしました。すると精神状態も良くなり、仕事も片づいた。

夢のメッセージを行動に移すことに意味を、改めて実感させられた夢でした。

――吉元さんがこれまで見られた夢で、吉元さんご自身の人生に大きな影響を与えた夢があれば、差し支えないものをいくつかご披露していただけませんか?

吉元：2歳か3歳の時に見た「亡くなった妹を寺院に探しに行く夢」と「ラピスラズリ色の曼荼羅の夢」と、明らかに『過去生の夢』と思われる夢でしょうか。

――その夢にはどのような意味があったのでしょうか。

吉元：「亡くなった妹を寺院に探しに行く夢」と過去生の夢はもったいないので意味は私の中にしまっておきます。誤解のないように付け加えると、「私は前世でお姫様でした」などという夢ではありません、残念ながら。

「ラピスラズリ色の曼荼羅の夢」は、とても神秘的で、ものすごくわかりやすいメッセージの夢でした。夢の中で古い木造の家に引っ越すことになり、私はあまりの住みづらさに唖然としている。すると窓から三つのラピスラズリ色の曼荼羅が見える。ああ、これが見えたから「この家は大丈夫」と思う。洗濯機が屋外にある。そんなの嫌だ、と思うと、曼荼羅が見えたから「この家は大丈夫」と思い直す、というストーリーでした。それはそのまま『結婚』にあてはまりました。『古い木造の家』を、結婚、または相手に置き換えると、よく意味が理解できます。「ラピスラズリ色の曼荼羅の夢」は、この人と結婚して大丈夫、という認め印をもらったような意味でしょうか。

家族で夢をシェアする

――夢を見られた場合、その夢は日記か何かに付けられるのですか?

吉元：印象に残った夢は書き留めます。書き留める前に家族に話すこともありますね。たとえば起き抜けにすぐ話すこともあるし、朝食の時にそれぞれ見た夢について話しあいます。

——では、ご家族で見た夢を話しながら、その時、夢の意味も解釈されるのですか？

吉元：そうですね。すぐに解釈できないときには、こうなんじゃない？　ああなんじゃない？　といろいろ話しあいます。でも、夢によっては相手に伝えないほうがいいという内容のものもありますよね。とてもプライベートなことならね。ですからお互いにシェアしていない夢もあるだろうし、それはそれでいいと思います。

——お嬢様も、夢を話したり、夢の解釈に参加されるのですか？

吉元：もちろん！　８歳の娘も自分の夢について話すし、私の夢についても物語の先を早く知りたがるように聞いてきます。

面白いのは、まだ小さい頃は大きな口の怪獣が出てきたり、お化けが出てくるんですね。大きな口の怪獣は、たぶん母親が口うるさかったりするのが嫌だったのでしょう。

でも最近では学校の友達や先生が出て来るようになって、成長して社会性が出てきたんだなあと思います。8歳になって、もう神様の国からは卒業しちゃったんだなと、何となく淋しいような気もするんですけど。

でも、娘の夢の解釈はすごく的確です。「ママ、少し疲れてるんじゃない？　休んだほうがいいよ」とか「ママは心配しすぎ。私は大丈夫だから」とかね。解釈だけじゃなくアドバイスまでしてくれちゃう。

夢を話してくれることで、娘が言いたくても言えずにいることをすくい取ってやることはできますよね。母親にとっては、とても豊かで、ありがたいことだと思ってます。娘にとっても、心の世界を広げていく感性が磨かれるのではないかと思います。

――夢を家族でシェアされているということですが、それによって家族関係に何か違いは感じられますか？

吉元：それぞれの問題やテーマを家族だからといって肩代わりすることはできないけれど、理解や共感することはできますよね。

時には夫が夢のメッセージから逃げようとすると「愛を持って」厳しくつっこんだ

り。
いつまでも決断できずにいるようなら、親獅子のように谷底に突き落とすべく背中を押します。夢を話しあうということは、裸と裸のつきあい以上という感じですから、違った絆ができるかもしれませんね。

夢を活用する秘訣

――夢を人生に活用するための秘訣はなんだと思われますか。これから夢を勉強して豊かな人生を形成しようとしておられる会員の方々に、アドバイスをお願いいたします。

吉元：易々と夢とつきあってきたように話しましたが、夢のメッセージを実践していくということは、自分がぴったりと閉ざしていた蓋を引っぱがして中をのぞくというプロセスもあるので、とてもつらいときがありました。
自分のことが、自分には見えない。私の夢を聞いた他の人には、それが見えているのに。それはやはり、見たくないという意識、勇気のなさだったり、それまでの改善すべき自分のパターンによって見えなくなっているんですね。

アート・セラピーの講座では、夢日記を添削してもらうというカリキュラムがありました。その添削の中で、添削者は問題が見えていない夢主の感情を動かすような言葉を突きつけてきます。それによって感情は動きますよね。悲しくなったり怒りたくなったり。私も怒りがこみ上げてきて、ノートを壁に投げつけたこともあった。でも、その時にわき上がってきた感情こそ、手離すべき感情なのです。

夢主を怒らせたことで、添削者は成功したんですね。夢主の動かなかった感情を、1行で動かすことに成功したのですから。

日常生活の中での添削者は自分自身ですから、やはり目を見開く勇気が必要だと思います。そして、夢に目を向けるようになると、夢が変わってくるんです。そして必要なときに必要な夢を見せてくれるようになるんですね。

最愛の母親を病気で亡くした友人は、母親が亡くなった1ヶ月後に夢を見ました。恋人が「お母さんが待ってるよ」と迎えに来る。その建物に入ると階段があり、赤い絨毯が敷いてある。恋人に導かれて上っていくと、ある大きな部屋がある。そこにお母さんが待っていて「あなたは大丈夫よ」と彼女を抱きしめる、という夢なんですね。夢の中でたくさん泣いて、朝起きてたくさん泣いて、喪失の悲しみから一歩抜け出すことができたと彼女は話してくれました。

私たちは本来幸せになるために生まれてきたのだし、魂は自由で、喜びに満ちたものだと思うのです。でも生きているうちに心に澱のようなものが溜まったり、傷つかないように心を鎧で守ったり、だんだん本来の自分から離れてゆく。自分の夢と歩むことによって、本来の自分、ありのままの自分になっていけるように思います。

『Jupiter』の中で、「ありのままでずっと愛されてる」と書きましたが、実はこのフレーズが最も多くの人の心に響いているのではないかと思っています。夢を通して、自分を見つめることができたからこそ、書けたのかもしれません。

第8章

美輪明宏

(歌手・俳優)

前世探求の旅、魂の本源を求めて

PROFILE

美輪明宏（みわ・あきひろ）

1935年、長崎市生まれ。国立音大付属高校中退。17歳でプロ歌手としてデビュー。“メケメケ”が大ヒット、ファッション革命と美貌で衝撃を与える。1966年には“ヨイトマケの唄”が大ヒット。翌年には劇団天井桟敷旗揚げ公演に参加、『青森県のせむし男』『毛皮のマリー』に主演。1968年には、三島由紀夫に熱望され『黒蜥蜴』を上演、空前の大絶賛を受けた。1997年秋、再演の「双頭の鷲」で、読売演劇大賞優秀賞を受ける。また、映画『もののけ姫』における出演に対して、東京スポーツ新聞社主催映画大賞助演男優賞を受ける。2003年には『黒蜥蜴』を再演，好評を博する。舞台以外にもコンサート、講演、雑誌連載、執筆活動など幅広く活躍中。主な著書に『紫の履歴書』（水書坊)、『人生ノート』(Parco)、『ぴんぽんぱんふたり話』（集英社、共著)、『天声美語』（講談社）などがある。

リアリストだった美輪さん

――私どもは、エドガー・ケイシーの残した業績を普及啓蒙している団体で、定期刊行物として『Oneness』という機関誌を発行しております。美輪さんは、ケイシーの研究家であるジナ・サーミナラさんが日本に来られたときに、サーミナラさんにお会いになられて親しくお話をされたと伺っております。また、いろいろなご著書で、ご自分が天草四郎の生まれ変わりであることをお話になられたり、雑誌の人生相談などでも霊的法則などについてお話になっておられますが、このインタビューでは、その辺りのことをもっと教えていただければと思います。

まず、美輪さんが生まれ変わりというものを受け入れられるようになった経緯はどのようなものだったのでしょうか。

美輪：生まれ変わりというよりも、霊的なものを私は否定していましたね。10代の頃は非常にリアリストでしたから。もう人間死んだらおしまいだ、後は真っ暗になっておしまい、神も仏もありゃしない、と思っていましたね。神や仏なんてものは、弱い人間が宿り木として造り出したものだと思っていましたから。
うちが水商売をやってましたので、水商売の人というのは占いが好きなんですね。それで水商売の女の人が、私が子どもの頃、よく私を連れて占いに行くんです。占い師が子どもの私のことをいろいろいうんですが、それがほとんど当たっていたんですね。

――そうなんですか。

美輪：「この子は親に縁がなくて、一家離散し、異郷に出てさんざん苦労して頓死」ってね。頓死っていうところだけ当たってないけど、でも頓死スレスレで行き倒れになってみたり、ホームレスになってみたり、もうそういう状態になってましたね。一家は破産してバラバラになりましたし、すべて当たってるんです。頓死も当たる寸前だったですね。肺結核になり、行き倒れて、他人様に助けられたりしましたからね。

――それはおいくつの頃ですか？

美輪：16、17歳くらいまででしたね。それから、私の歌の先生が姓名判断にこっていまして、その先生から姓名判断の大家の先生のところに行くように勧められたんですね。私はそんなもの信じていませんでしたが、行って良くなればいいと思って。良くならなくても、これ以上悪くなりようがないというところまで来ていましたから。

――それが16歳の頃ですか？

美輪：そう、16、17の頃ね。それで姓名判断で名前を変えてもらって、そうしたら本当に奇跡が起きて、ビジュアル系で有名になったんですね。でも、そういう力は信じなかったですね。

――名前を変えて運勢が好転したとは信じなかったということですか？

美輪：そう、私の努力と運が強かったんだと、姓名判断や気学のせいではないと思ってました。でも矛盾してたのは、その頃、電話がかかってくると、それが誰だかわかったり、そばに居る人がいろいろなことを考えると、それがわかったりしたんですね。でも、そういうのは誰にでもあることだと思ってましたね。当たり前のことだと思ってた。

それでうちの女中さんがきんつば（和菓子）を買ってくると、「あんた、きんつば買って来たでしょう。早くいただきましょう」っていったら、「なんでそんなことがわかるんですか。気持ち悪い」っていうんですよ。「でも買ってきたでしょう。中村屋の前で『ああ美味しそうだな』と思って買ったでしょう」って。

――それも16、17の頃……。

美輪：いえいえ、それは22、23の頃、私が有名になってからのことです。

霊能者との出会い

美輪：「おや、おかしいな」とは思いましたね。それで私は気学で「最悪・最凶」といわれた方角に2度行っているんです。

――それはあえて行かれたんですか？

美輪：あえて行ったんですよ。挑戦という意味もあって、自分の運のほうが強いし、そんなことはありえないと、否定してましたから。そんなことといってたら、人間どこへも行けやしませんでしょ。「あっち行っちゃいけない、こっち行っちゃいけない」

なんていってたら、仕事なんてできやしない。

そしたら本当にいわれた通りのことが、他動的に……そういう現象が起きて来るんですね。

――良くない現象が……。

美輪：たとえば株が下落したり、わたしに映画を撮らせてくれるというプロダクションが目の前で潰れたりとか、いろんなことが起き出して。

それで、そういうこともあるのかなあ、と受け入れ始めた。で、またどん底になったわけですよ。一度スターダムになったのが落っこちて……そしてこれは『紫の履書』という自叙伝にも書いてありますが、ある街の易者に会って、その人が私を見て、「あなたの後ろに、クロスを首から下げた、前髪立ちの若いお小姓のような人が付いている」っていうんですね。「その後ろにマリア観音がいる」っていうんです。それで「あなたの家は法華経ですね」って。

――その易者さんが？

美輪：「うちは浄土真宗ですよ」っていったんです。そして心の中で「こいつ、当たんないな」と。でも後で調べてみたら、祖父の代まで日蓮宗で、父の代になって、地元の代議士さんを応援する都合で浄土真宗に変えたってことがわかるんですよ。

――そうすると元々法華経だった……。

美輪：ええ、それ一つ当たってたのね。それからよくよく考えてみれば、私の母は天草の出身なんですよ。父は島原の出身だった。

――ほー！

美輪：ね。だから、当たらずといえども遠からず。でも確証はないわけですよ。

――では、その時にはもう、そのクロスを首からかけた少年というのが、天草四郎だということはわかったんですか。

美輪：いえ、まだその時には名前はわかりませんでした。で、それから1週間くらいしてからでしょうかねぇ。大阪へ劇場の仕事で行ったんですよ。そのときに、ファンの方の家に食事に招かれたんですが、その日は、どなたかの命日だったらしく、真言宗のお坊さんもいらしたんですね。そのお坊さんが、私の真向かいに座って、お話をしている最中に頭が震えだし、「これは何だろう」と思っていると、そのお坊さんが

「お宅の仏が出とるんじゃ」って仰って、「何でしょう」って聞いたら、「前髪立ちの……これは切支丹じゃなあ……クルスを掛けておる」って。

――美輪さんの頭が震えたのですか？

美輪：いえ、その真言宗のお坊さんが。ですから、中気（脳卒中の発作）か何かのせいで頭が震え出したのかと思い、「大丈夫ですか」と聞いたのです。そしたら、そういうことをいわれた。

それで、「実は東京でも同じことをいわれたんですが、どうしたらいいんでしょう」って聞いたの。そしたら「後ろに観世音菩薩が付いていらっしゃる」と。これもまた同じことをいうわけですよ。ですから「それも同じことをいわれました」っていいましたら、「とにかく、あなたは供養するために生まれたのですから、供養してください」といわれたんですね。

それで東京に帰ってから、一度追い返した易者にもう一度来てもらった。で、どうしたらいいんだ、って聞いたんです。すると「まずおうちが日蓮宗かどうか調べてくださいい」と。それで、当時長崎のサナトリウムに入っていた父に電話して聞きました。そしたら、法華経だったということがわかった。

そのときに、思ってもいないことが私の口から出たんですね。

――といわれますと？

美輪：「お父さん、うちのお墓の唐櫃《かろうと》のところが、誰かがいたずらしてその重い石をどかして、そこから雨水が入って、骨壺が濡れているから、それを元に戻しておいてください」っていったんです。

――ほー！　美輪さんご自身が無意識のうちに？

美輪：ええ。父はそれを聞いて「おまえ、キツネでも憑いているんじゃないか。気持ち悪い」って。でも念のため、父と兄が二人でお墓に行ってみたら、その通りだったんですね。

私は、「おっかしいなぁ」と思うわけですよ。そういうことをまったくバカにして生きていましたから。でも、自分の身にそういうことが起きるとね、否定することも矛盾したことになって。

それから「法華経の行者さんのところへ行って、そこでマリア観音に心《シン》を入れてもらってくれ」といわれてましたから、彫ってもらってもって行ったわけですよ。

その行者さんは「あなたのお母さまは亡くなってますね」っていうから、「はい、そうです」って。「どうせ何か本でも読んだんだろう」と思ったわけです。

――ええ、ええ。

美輪：そしたら「梅の小紋の着物を着た方がそばにいて、すごい美女で」って。私の母は丸山ウメといって、梅の小紋の着物をもっていたんですよ。で、それも当たったんですね。「ああ、こいつ、あながちインチキじゃないな」と思って。そこで面白くなって、そこに通い始めたんですね。法華経でずーっとお経を覚えたりすると、まあ、いろんな不思議な現象がたくさん起こりだしてきて。でも、そこでは（天草四郎だということは）いわれなくて……その頃だったかしら、ある週刊誌が――『女性自身』だったかしら――私がまだ丸山明宏といっていた頃に、「丸山明宏は天草四郎の生まれ変わりではなかった」というタイトルの企画をもって来たのね。「これでどうでしょう」って。

天草四郎が降りる

――天草四郎ではなかった？

美輪：そう。だから「天草四郎なんて私はいってませんよ。どうもそうらしい、ということはあちこちでいわれてるようだけど」とね。そしたら昭島のほうに、真言宗のおばあさんの行者さんがいらして、そこへ連れて行かれたんです。

玄関入ったら、「ああ、この方、ゆうべ見えました」っていうんです。

――ほー、見たんですか？

美輪：つまり、私の分霊みたいなものが来て、胸にクルスを掛けて。

そして神降ろしっていうものが始まったんです。そしたら「徳川12万の敵を相手に、3万余千の民百姓で……」と戦争の模様をずっとしゃべり出すのね。で、「その名を益田四郎時貞という」と。

それで「何のためにやったんですか」って聞いたのね。そしたら「民百姓の困窮するのを見かねて一揆をなした」ってね。

「天草四郎の生まれ変わりではなかった」っていう企画をもって来た週刊誌の記者は困っちゃって。

――アハハ、そりゃそうでしょうね。当てが外れたわけですから。

美輪：否定しようとしたら、肯定されちゃったわけですから。記者としては、否定してほしかったのでしょうが、そのおばあさんも「私はウソは付けない」って。

――失礼ですが、それはおいくつくらいのことですか？

美輪：それがちょうど30くらいの時でしたかね。

――そうすると、「ヨイトマケの唄」の頃ですか。

美輪：「ヨイトマケ」の頃ですね。そう、私は、どうして弱者の歌がないんだ。百姓だとか土方だとか、蔑まれている人たち――富も財産もない人たち――に歌くらいあってもいいじゃないか。ていうことで、私が周りの反対を押し切って、ビジュアル系一切やめて、宝石も毛皮も化粧も一切やめて、ワイシャツ1枚、かすりの着物1枚で、従軍慰安婦の歌だとか、炭坑夫の歌だとか、部落解放の歌だとか歌い出したわけですよ。みるみる仕事が来なくなって、落ちぶれて、そうして5年後に「ヨイトマケの唄」がヒットして、スターダムに乗って。ちょうどその頃でしたね、昭島に連れて行かれたのは。

それからしばらくして、テレビ局の人から「本格的な霊媒に会いませんか」と紹介されたのね。それで、インチキも多いから、こちらのことは一切教えないで来てもらったのね。

会ってみたら、青森出身のひどいズーズー弁の人でね。私は「ああ、イタコの流れだな」と思いました。そしてその人に「天草四郎を呼んでほしい」っていったんですよ。

――ええっ！

美輪：そしたら「そりゃだみだ」って。すごいズーズー弁でね。それでも何とかいい含めて神降ろしが始まったんですよ。

そしたらね、ズーズー弁じゃなくて、昔の武家言葉をスラスラしゃべり始めたんですよ。

——その降りてきた霊が？

美輪：「ほお、これは本物だな」と。そして「よう参られた」というんですよ。私のほうが来てもらったのに、私のほうから訪ねてきたと思ってるのね。

それで「私はあなたの生まれ変わりといわれていますが、それは真《まこと》でしょうか」って聞いたら、「それは真じゃ」ってね。

——ほー！

美輪：「どこが似てるんですか」って聞いたら、「どこもかしこもじゃ」ってね。「わしは美しかったぞ」と。

でも私は疑り深いから「じゃ、お父様のお名前は？」って聞いたら、「それは何者じゃ」っていうんですよ。「お父さんの名前です」っていうと、「だからそれは何者じゃ」と。

「あっ、そうか。『お父様』なんていわないんだ。『父上』っていってたんだな」。だから、「父上の名は」って聞くと、「おお、益田甚兵衛好次と申した」。

——おお！

美輪：「では母上の名は」って聞くと、「バテレンではマルタと申してのう、ヨネと申した」というんですよ。バテレンというのは洗礼名ということですね。「ご兄弟は」って聞くと、「姉がおって、これは渡辺小左衛門の弟の渡辺小兵衛というところに嫁いでおった。バテレンではレシイナと申したが、福と申した」っていうのね。歴史の本では違う名前だったので、そのことを聞いてみたけれど、「いやいや、福じゃ」というのね。

——ほー。

美輪：洗礼名は（レシイナで）合っているんですよ。そこに何か歴史の本がおかしいんじゃないかと。そして「妹はつかさ」って。「つかさ」って言葉は「一」という意味で使っていたみたいですね。「一人」とか「一つ」という意味で。

そして「万と申してのう、これは小浜村の少林寺という寺があって、瀬戸小兵衛と申す者が連れて逃げようとしたが、逃げおおせず、そこで小兵衛は万を切って、みずからは腹かき切って死んだ。甚だ不憫ゆえ、よう供養してやってくれ」と。

私は雲仙に調べに行ったんですよ。そうしたらね、お寺が当時は六百何十カ所もあったんです。ところが切支丹で焼き討ちにあっている。で、しかもなぜ逃げられなかったかというと、小浜村に関所があったんですよ。島原から切支丹が逃げてこられないように、その関所でくい止めていたんですよ。それにひっかかったわけ。だから、それも事実として出てきた。

それから、(天草四郎の) 出生はね、歴史の本では (熊本) 牛深の生まれだとか、本渡で生まれたとか、諸説があるわけだけども、どうですかって聞いたんですよ。そしたら「いやいや、肥後の国にて生まれた」っていうんですよ。肥後っていうのは熊本だなって思って、「肥後のどちらですか」って聞いたら、「小川にて生まれた」と。私は「なかったら承知しないから」と思って、後で調べたんです。そうするとね、今は小川町に昇格していて、五木村のほうにあるんですよ。

——そういう場所が実在するんですね。

美輪：実在して。そこで、なんでその町に生まれたのかそこを調べたらね、天草四郎のお父さんの益田甚兵衛が、小西行長《こにしゆきなが》という関ヶ原の戦いで死んだキリシタン大名の祐筆《ゆうしつ》(高位の人の手紙や文書を代筆・管理する人) だったという記録があるんです。

そして、その辺りは小西行長の所領地だった。お父さんが小西行長の家臣だから、その所領地で天草四郎が生まれても当然なわけですよ。

――なるほど。

美輪：そうすると、ピタッと符合するのね。歴史の諸説のほうが間違っている、ということになる。ねぇ。そして、島原へ行ったときに、お公家さんのところに行き、そこで5歳のみぎりに和歌を詠んで褒められて、引き出物を賜ったことがある、とね。そして8歳の時に長崎で……。

――ちょっと待ってください。今のお話は、降りてきた霊がいうわけですか。

美輪：そうそう。それで、８歳の時にお父さんに連れられて長崎に行った、っていうのね。というのも、お父さんが間者、つまりスパイとして、長崎奉行に勤めていたらしいの。それで「そこはどこですか」って聞いたら、「坂の上と申した」って。そしたら、私が通っていた幼稚園のあった近所が「坂の上」ってところでね、そこは崖の突端で、その下は昔は海だったんですよ。そこに長崎奉行所があったんですよ。地図で調べたら。ちゃんと証拠が出てきたんですよ。面白いでしょう。

――すごく面白いです。

美輪：そして切支丹狩りがあるぞ、という時には、軒先に手拭いを吊したんですって。

――今日はあぶないぞ、ということで……。

美輪：そして、どちらか忘れたけど、今日はないぞ、という日には蓑《みの》を吊したんですって。

――まるで暗号みたいですね。

オーバーラップする前世

美輪：今日は大丈夫だぞ、今日はあぶないぞ、という具合に間者、スパイだったわけ。その奉行所の寮みたいなところ、きっと長屋のようなものがあったんじゃないかしら、そこに（少年の天草四郎は）住んでいたのね。「そこで何をしてたんですか」って聞いたら、「諸経を読んで道を説いておった」と。辻説法をやって歩いていたんです。

で、私が今、全国を辻説法して歩いているわけですよ。

――ええ、ええ！

美輪：講演会で。同じことしているわけですよ。

――まったくそうですね。

美輪：「何を説いたんですか」って聞いたら、「自給自足を説いた」って。今だったら当たり前ですが、その頃は国賊ですよ。そうでしょう。

百姓、町人たちが自分たちで作った物を自分たちで食べてたら、お上はあがったりでしょう。そりゃ、にらまれますよ。それで「お好きな物を差し上げたいのですが、何がお好きですか」って聞いたら、「わしは、唐花が大好きじゃ」って。『カラバナ？』そんな花、聞いたこともないし、「それはどんなお花ですか」って聞いたら、「五月《さつき》になると、長崎では唐花が真っ赤に咲いた」と。それじゃあというので、後で調べたら、バラの花だったの。蔦バラ。日本には赤と白の野生のバラがあって、万葉にも歌われているんですよ。万葉集にも唐津花として出てくるんですよ。

ところが私が行く先々でもらうのがバラなんですよ。

——ほおー！

美輪：これだって（出窓に飾ってあるバラを指される）バラでしょう。まあこれにまつわる話をしていたら切りがなくなっちゃうからやめときますが。

そういうことで、天草四郎というのは私の生まれ変わりだということがわかったんですよ。

——天草四郎は16歳より前から辻説法していたんですか。

美輪：5歳のみぎりからですよ。今の人たちは人生80歳のスパンで考えるでしょう。昔は50歳だったのよ。人生50年。女の子は15歳で嫁に行って、16歳で子どもを産んでたんですよ。男は16歳で元服して一人前でお父さんになる。ですから人生の密度が濃かったんですよ。成熟していたんです。短いけれど。今は、長生きになったけど、薄まっちゃった。だからみんなバカんなっちゃって、チャイルディッシュになっちゃって、子どもになっちゃったんですね。それだけ。

だから、昔の30歳が今の60歳くらいですよね。

――それで10歳くらいでもう辻説法していた。

美輪：８歳にはもう長崎で辻説法してました。

でねぇ、天草四郎はわかった、と。じゃ前世は一つじゃないに決まっている。それで今度は天草四郎を呼びだした時に、「私の守護霊はどなたですか」って聞いたの。そしたら「マリア観音だ」っていうんですよ。学者さんたちは、マリア観音なんて、当時のキリシタンたちが勝手に作り上げたもので、そんな観音なんていない、っていいますよ。まあ理屈からいえばそうでしょう。でも霊的な仕組みからいえば違うと私は思っているのね。

それで霊媒に今度はマリア観音を出してくれと頼んだのね。

前世をさらにさかのぼる

――その東北弁の霊媒に？

美輪：そう。そしたら「ナターリア、ナターリアのマリアとお呼びなされ」って出てきたの。ナターリアというのはロシア語のナターシャの正式な言い方だから、『ああ、これはロシア正教の方だな』と思ったわけ。それで「いつから私を守っているのか」って聞いたら、天草四郎の時から守るようになった、と。

それで今度はそのマリア様に、「途中のプロセスはいい」っていったの。何度も何度も生まれ変わっているでしょうから、それはいい。「私の魂の大本は何ですか」って聞いたの。

そしたらマリア様は「これは私たちも滅多にお目にかかれない尊い神でゼウスという神がおられる」と。

――ゼウスですか?

美輪:そう。ロシア正教では旧約聖書の天地創造の神を「ゼウス」と呼んでいる。そのゼウスという神のそばにおられる「トロイ」という火の神だ。ここには大勢の神がおられる。富を司る神もいれば、病を司る神もいる。トロイというのは火の神で、人の心を司る。人の心を静め、慰め、励まし……私が今仕事でやっていることそのまま。

それで……もう一つ、天草四郎を呼びだした時のことで、「そなたに申し聞かせることがある」というので、「何でしょう」っていったら、「そなたの名前は今の『いろはにほへと』じゃぞ。今の『いろはにほへと』の上の字じゃ。それがそなたの名前になっておる。よう調べてみるがよい」といわれた。

――ほー……。

美輪：「天地左右同形じゃ」ともいうんですよ。まるで判じ物でしょう。何をいっているのかわからない。ね。天地左右同形で、いろはにほへと。だから私、三島さん、いろんなことご存じだから、三島さんのところへ聞きに行ったんですよ。

――あの三島（由紀夫）さんのところへ？

美輪：そしたら、確かに切支丹の隠し言葉をよくご存じで、ある縦書きの書き物などを横に読むと「ゼウスの為に死す」なんて言葉が出てくるんですね。

――『聖書の暗号』のような感じですね。

美輪：そうそう。暗号があるんですよ。それを二つご存知だった。だけど、いろはにほへとをどんなに書いても、丸山明宏の頭文字なんて出てこないですよ。「君、騙されたんじゃないの。インチキに決まっている」っていわれて。「ああ、そうですかね」って、そのままになっていたんです。

そして次にトロイの神を呼び出したら、地球では、首から上が馬で、首から下が人間の偶像を作って祭られていた、っていうんです。で、祭られていた場所は「ソルリエンテ」っていってましたね。後で調べたらね、イタリアのソレントのことを昔ソルリエンテっていってたんですって。

そしてこのトロイが「そなたに申し聞かせることがある」と、天草四郎と同じことをいうの。「アルファー・○・□、アルファー・○・□と3回呼びなさい。そうすれば、こととしだいによっては神々が力を貸す。これは他の余人には呼ばせてはならない。百害あっても一利もない。そなただけの言葉だ」。

——では、われわれもこの部分は伏せ字にしないといけないですね。

（編集部注：実は、この箇所については非常に不思議なことがありました。インタビューを録音したカセットテープがこの箇所だけフニャフニャと伸びた感じの聞き取りにくい状態になっていたのです。最初は電池がなくなったのかと思って、電池を新品と交換したのですが、それでも同じ。テープが伸びたのかと思って裏面を再生したら、こちらはちゃんと録音されている。こういう事態に備えて予備にＭＤで同時録音していたのですが、なんとこちらはマイクテストだけきちんと録音されて、肝心のインタビューはまったく録音されていなかったのです。う〜ん、不思議です。この言葉を活字にすることに、何か不思議な力がストップをかけていると考えざるを得ません。霊的な力が電子機器に作用したんでしょうね。というわけで、本当に伏せ字にさせていただきました。ただし、その後の話の筋がまったくわからなくなるので、最初のアルファァーという言葉だけ出させていただきました。）

ライフシールと波動の力

美輪：アルファァー・○・□といわれても、訳がわからない。でもねぇ、トロイというのはトロイ戦争、木馬の、あのトロイ戦争と関係があるのかなぁと思って調べてみたら、トロイの上流階級の人たちというのはギリシャ語を使っていたんですね。

トロイというのは今のトルコにあるでしょう。それで私は（あの言葉は）ギリシャ語に違いないと思い、ギリシャ語に詳しい人に聞いたわけですよ。そしたら「ああ、それは簡単ですよ。単なるアルファベットですよ」っていわれたの。「なんで」って聞いたら、「アルファーというのは英語のAです。□はMです」って。「ああ、A・Mだったの」って、私はA・Mを紙にたくさんいたずら書きしたんです。そしたらAとMが重なって、ほら、あの形（といって、壁に飾られている不思議な文字を指さされる）になったの。

――ほー！（それがケイシーのリーディングでしばしば出てくるライフシールにそっくりだったので内心はもっと驚く）。

美輪：そしたら天草四郎がいっていたように、天地左右同形なんですよ。天地をひっくり返しても、左右をひっくり返しても同じ形でしょう。天草四郎がいっていた「今のいろはにほへと」というのはアルファベットのことだったんだ、とわかったの。なるほど、こういうことだったのか。そしてA・Mということは丸山明宏の頭文字なわけですよ。ねぇ。

　これで一つ腑に落ちた、ということで、この話をライブハウスのジャンジャンで話したの。そしたらある大学の教授が「美輪さんがいっておられたアルファー・□の記号が載っている本が見つかりましたので、お届けします」って。それは１９２７年にフランスで出版された物を、日本語に翻訳されたもので、『世界の王』――つまりキリストのことでしょう――という本があって、それを贈ってくださったの。

――ええ、ええ。

美輪：その中にあの文字、あの記号が書いてあって、それはアルファー・◯・□じゃなくって、アルファー・▽・□なんですよ。私は聞き取れなかったのね。Ｖと書いて▽と読むのね。その三つの文字が重なっていたの。そしたらこれはカルメル会の修道院の中で使われていた記号だと書いてあったの。

――ほー！　ハイ！（カルメル会といえばケイシーのリーディングにも頻繁に出てくる、あのエッセネ派と深いつながりがあるなぁと思いながらも、話の腰を折ってはいけないと思い沈黙）。

美輪：そして、それはアベ・マリアとイエスと火の神アグニを象徴する記号だったの。またアルファー・▽・□は未来と現在と過去を象徴した言葉でもあるんです、って。そして、これはア・ウ・ムと発音するのね。

——おお、聖音オームですね。

美輪：そのときは『なるほど、そういう意味だったのか』と、それで終わったの。それから十数年くらい経って、四谷にエイトスター・ダイヤモンドというのがあって……。

——田村さんの……。

美輪：そうそう、そこのスタッフに私の大ファンだって女の人がいて、田村さんの本などもいただいたりしました。でもそれほど関心をもったわけじゃないの。そしたら、その頃、私の友達がある新興宗教の教祖に夢中になっちゃって、私はこれは偽物だと思い、その友人を諌める意味もあって、その新興宗教の道場破りに行ったのね。そしたら教祖という人が、私のしていたダイヤの指輪を見て、「念を入れてあげます」なんていって「イエーッ！」ってやったのね。『これは魔界から来ている奴だな』と私は思ったわけ。それで指輪を返してもらってはめたら途端にグラグラッときたのね。『これは大変だ。清めるのは大変だな』と思ったの。そしたらどうしたわけか、フッと、田村さんのことを思いだしたのね。『あ、そうだ。四谷に行けば、いろんな波動が測れると聞いていたから、じゃあ行ってみよう』と思ったの。

そこに行って測ってもらったら、もう最悪だった。田村さんに「こんなもんしてたら死んじゃいますよ」っていわれて。それじゃあ、というので身につけていたいろんな宝石を——全部ダイヤだったから——はずして測ってもらったの。そしたら、あれもダメ、これもダメっていう具合でことごとくダメだったの。そして最後に、「きっとこれもダメだろうと思うけど、中にダイヤがあるから測ってみて」っていって、ロシア正教の小さなクルスをしてたので、それをはずして測ってもらったの。そしたら、それが50という最高値だったの。田村さんも「こんなことは初めてだ」といって驚いて、「これはどこで手に入れられたんですか」って聞くから、「マリア様のお告げで、どこそこに行って買いなさい。身を守ってくれるから」っていわれた話をしたのね。そしたら田村さんは「それホントですよ。だって50（最高値）ですから」って。

それで私は田村さんに「じゃあ、このクルスをして、（あの）指輪をすると、プラスマイナスで相殺されないかしら」って聞いたの。田村さんは「それはないと思いますが」といわれたけど、測ってみたら50になっちゃった。だから『ああ、清めるって力があるんだ』ってわかったの。

「じゃあ、私、銀行から自分のもっている宝石を全部出して来るから、あなた（美輪さんの大ファンという女性スタッフ）、私の家にその装置をもって来てください」ってお願いしたの。そしてここ（美輪さんのご自宅）で測ってもらったら、あれもダメ、これもダメってわかったの。全部測り終わった後で、スタッフの方に、「測ってみてダメだったら、お宅で波動調整してちょうだい」っていって、ご苦労賃に小さなダイヤを二つあげたの。で、実際、測ったら最悪だったの、彼女にとって。そしてそのとき、なぜかこのマーク（ＡＶＭ）がフッとひらめいたの。それで「ちょっと待って。今お告げがあったみたい」っていって、そこら辺にあった紙に、このマークを書いたの。そして、彼女にその指輪をしてもらって、このマークを指輪の下に入れたの。そしたらピタッと50になったの。その紙を抜くと、またマイナスになる。紙を入れると50になる。そういうことを何度もやって確認したのね。「はあっ、こういう力がこのマークにはあるんだ」ってことが、長い間かかったけど、わかったのね。面白いでしょう。

――ええ！

美輪：もう、そういうことが山のようにあるわけですよ。『ぴんぽんぱん』っていうのをお読みになった？（美輪さんと瀬戸内寂聴さんの対談本。『ぴんぽんぱんふたり話』というタイトルで集英社刊）

――いえ……。

驚くべき霊能の発現

美輪：お読みになっていない？　お読みになってみて。瀬戸内さんとここで対談したときの話なんだけど、その対談が終わってふと見ると、生首がふわっと見えたの。それで瀬戸内さんに、「お宅に木彫りの観音様が二体祭ってあるでしょう」って聞いたの。「それと同じように祀らなければならない人で、ここに天上眉があるからお公家さんだと思うけど、不思議な形の髷《まげ》を結ってらっしゃる方がおられる」っていったの。後で調べたら、天皇はそういう髷を結ってらしたことがわかるのね。「そして、恨んでもいないし、30から40くらいの人で、品のいいこういう人だ。その人を祀ると、あなたにいい意味で大変なことが起こる」っていったの。「あなた、そういう人、心当たりなあい？」

そしたら（声を押し殺して）「あるのよ、それが！」って。って聞いたの。

——瀬戸内さんが？

美輪：そう。長慶天皇（第98代天皇。1343〜94）といって南北朝の南朝の最後のほうの天皇なんだけども、その長慶天皇の首塚があるっていわれていたんですって。でも、何でこんな陸奥の奥で天皇が死ななきゃならないんだ。どうせ百姓町民が客寄せのために作った作り話だ、ってことで相手にされなかったの。でも、それが最近、学術調査が入って、その首塚が出てきたの。（声を押し殺して、瀬戸内さんの声色で）「出てきたばっかりなの」って。

――クックック……。

美輪：それで、祀り方をお教えして……。

そういうことは、のべつ幕無しなのね。前はもっとひどくて、私がホテルに行くと、もう見てもらおうと、ズラーと待っているわけですよ。

――それは（幽霊ではなく）人間が……。

美輪：人間ですよ（笑）。それがズラーと並んで、一人ひとり見てもらおうと思って……。

それで人間てのは、前世と同じようなことをするんですよ。

前世とカルマの不思議

――それはどういう意味で？

美輪：ある人を見て「あなたは前世で、年の離れたお爺さんみたいな人のところに嫁にいったのよねぇ」っていったら、みんなワーッと笑うわけ。「どうして」って聞いたら、この人の今のご主人、「ご隠居さん」ってあだ名なんですって。そして「この人は、その前世では、何かあると、緑と白の縞の着物を着ていたのよ」っていうと、またワーッと笑う。この人がPTAや何かの集まりのときには、緑と白の縦縞のワンピースを着てくるんですって。そして「お稲荷さんのお陰で」っていうと、また笑う。どうしてかというと、その人、稲荷神社の信者の総代のところにお嫁に行っていたのね。

「前世の夫は茶の湯が大好きで」っていうと、また笑うわけ。今のご主人も、茶の湯の道具を蔵いっぱいもっているんですって。

「ところで何のご相談なの」って聞くと、その女性がね、「主人の弟が今度嫁をもらうっていうんですけど、その相手の女性が、首に火傷のような変な傷をもっていて、因縁の深い人みたいで。だから私は絶対反対している」っておっしゃるのね。「お姑さんやご主人はどうなの」って聞くと、「みんな喜んでいるのに、私一人が反対している」っていうの。

それで私は「その傷はあなたが付けたものなんですよ」っていったの。「えっ、どうしてですか。私は何もしてません」って。だから「前世でやったの」。「どうしてですか」って聞くから、「その女の人は、前世では浪人者の娘で、長唄の師匠のところへ内弟子として入っていて、家計を助けていた。だけど、落ちぶれていたとはいえ、武家の出で、学問もあり、立ち居振る舞いから非の打ち所がなかった。それがあなたには妬ましく、憎くてしょうがなかった。そしてこの女性に縁談が来たときに、あなたは徹底して反対した。それを苦にしたこの女性は、あなたの義理の息子であった男性と首を刺し違えて心中した。その時の首の傷。

そのときのカルマを全部解消するために、あなたは生まれてきたんでしょう。だからその女性はインテリでしょう。その辺のヤンキーガールじゃないでしょう」って聞いたの。そしたら「ええ、薬科大学を出てます」って。「それがあんた妬ましいんでしょ。前世と同じことしてる」。ねぇ。

——うーん。

美輪：「あなた学問がないから、学のあるのが憎いんでしょ」。「そうなんです」って。「じゃあ、悔い改めて、前世の償いをするために、あなたが先頭に立って、結婚式挙げるよう段取りをしてあげて、その人に尽くしなさい。そしたらお姑さんもご主人も喜ぶし、弟さんも恨んで反抗していたのが直るし、『ねえさん、ねえさん』って慕って、全部うまく行くじゃない。ね。そしたら、来世にそれを持ち越さないで済むのよ」っていったの。そしたらそのようにして、うまく行ったの。

――ほほー！

美輪：そういう話は山ほどあるの。次は、ある染物屋の奥さんの話。もう勝ち気な人でね、主人があああしたこうしたとか、ぐうたらだとか、いろいろいうのね。そこにいた人たちもみんな同情していて、「お気の毒な奥さんでね、一生懸命なさるのにご主人は何もしない。もうちょっとしっかりするように、先生からも発破かけてやってください」といろいろいってくるわけ。

――ええ。

美輪：でも「いいえ、違いますよ。全部悪いのは奥さんですよ」っていったの。

みんなもびっくりして。奥さんに同情してたから。奥さんも、みんなの前で、ご主人に意見してもらおうと思っていたわけ。自分が悪いなんて、露ほども思っていなかった。「奥さん、ある秋の夕方。土手を散歩していて、こんなに大きなお月さんが世の中にあるだろうかと思うくらい大きな赤いお月さん、見たことあるでしょう」って聞いたの。そしたら顔色が変わったの。

――おおー！

美輪：「それがすべての原因ですよ」っていったの。

――ほおー。

美輪：そしたら真っ赤になっちゃって。

――思い当たるものがあったんですね。

美輪：「もうそれだけでわかりますね」っていったら、黙っちゃって。そしたらご主人や周りの人が、わかるようにいってくれ、って。「いってもいいんですか？」って聞いたら、「いいです」って。「じゃあ、いいましょう」って。

「あなたは嫁に来る前に好きな人がいましたね。でも、その人はあなたのこと、ちっとも好きじゃなくて、あなたがあんまりいい寄って来るから、同情して付き合っていたんですね。あなたに恋もしていなけりゃ、愛してもいない。ね。そしてある日、土手を自転車を押して歩きながら、二人で散歩している時に、そのお月さまが見えた」。

――ほー！

美輪：ねぇ。「それっきりあなたは捨てられた。あなたは捨てられた女なのよ。それなのに、そのご主人と結婚した時に、『来てやった』っていう思い。そしてセックスも含めていろんなことについて、『あの人だったらこうはしない』とか、『あの人だったら、こうだった』とか、すべて較べている。だ・か・ら・うまく行かないのよ。ご主人は、尽くしても尽くしても較べられるから、嫌になっちゃった。どこかでわかっている。全部あなたのせいですよ。感謝が足りない。捨てられて、ゴミなのよ、あなたは。拾ってもらって、ありがたいと思わなきゃ。ありがたいと思いなさい」って。そしたら涙をぱらぱらこぼして泣き出した。「心を入れ替えて、『今までのこと申し訳ありませんでした』とご主人に謝って、一生懸命尽くしなさい。そうすればうまく行くわよ」って。「ねぇ、ありがたいじゃない。ご主人は器量は悪いけど（笑）、女遊びをするわけじゃない、よく働くし、ねぇ、真面目だし、いうことないでしょう」っていったの。「あなたにはもったいないようなご主人ですよ」って。

――そういう場面が見えるわけですか？

美輪：それはもう毎日何十人何百人。

輪廻転生の仕組み

美輪：それで生まれ変わりってのは何であるのか、あのね、魂ってのは未発見の素子だと思うの。原子、電子、陽子、中性子など素子がたくさんあるでしょう。それと同じ。肉眼で見えないほどの小さな素子だけど、何十万もの人を一度に殺す力があるの。原子力など。そういう素子の一つだと思うの。あまりにミクロだから肉眼で見えないだけなの。

天文学で最近ホワイトホールってのがいわれてますね、少なくとも理論上は。それで、ホワイトホールとブラックホールというのは、ちょうど天界と魔界、プラスとマイナス、陰と陽の関係と同じ。地球はちょうどその中間にいるのね。プラスとマイナスがせめぎ合う所なの。だから人間も良いことをしてプラスがずっと増えると、もう地球にはいられなくなって天界に行くし、マイナスがずっと増えると、「おまえは見所がある」といって魔界からお呼びがかかる。

男女の性行為のときに、女性の膣の中に、私が霊子《れいし》と名付けている素子が入って、それが核になって、タンパク質、カルシウムで覆われて十月十日で出てくるのが生命の誕生だと思っているの。そしてタンパク質、カルシウムが元の原子に戻って核の霊子がむき出しになると、それが天界なり魔界の元の世界に戻るの。その霊子の純度が上がると菩薩だとか如来、仏になるのね。

じゃあ、なぜ地球に生まれ変わるのか、というと、肉体に生まれることによって魂は必然的に愛したり憎んだりする家族の下に入るでしょ。そして、生きるためには食べなきゃいけない、食べるためにはお金もかせがなくちゃならない。性欲もあるからセックスもする。当然、そこにはさまざまな人間関係が生まれ、憎んだり憎まれたり、愛したり愛されたり、そういった喜怒哀楽を経験することになるのね。その中で人間は苦悩し、「ああ、これじゃあいけない」と思って軌道修正したり、精神的に鍛えられるのね。そうして魂の純度を上げるの。

生まれ変わりをたくさんすると、それだけいろいろな経験をするでしょう。自分が経験していれば、ほかの人が同じ状況に遭っているときに、慈悲の心が湧くのね。「ああ、あの人は今きっとこんな気持ちだろうな」って。だから、人の気持ちがわからない人っていうのは、生まれ変わりの回数が少ないいんですよ。経験がないから。

――（ケイシーのリーディングでも、ある科学者が、地球への生まれ変わりがまだ4回目なので、他人からは冷酷な人間だと思われやすいとされたのを思い出す）。

美輪：今度はね、キリストや釈迦など上級になればなるほどひどい人生になるのはなんでだろう、と思ったの。つまりね、幼稚園、小学校、中学、高校、大学、大学院と、上へ行けば行くほど試験が難しくなるの。幼稚園の子どもだったらね、大した宿題や試験なんて出ないんですよ。だけど大学院の試験となると、七転八倒するような問題しか出ないでしょう。

――うーん。

美輪：だからこれ以上ないほど素晴らしい人格ができると、「そうかな」といって、それ以上の試練が来るわけですよ。

――試練が……。

美輪：そう、それで謎が解けたわけ。あれほど神通力があって、水の上を歩いたりするような人が、ちょいと雷でも落とせば敵なんてみんな焼け死ぬのに、なんでそんなことしないの、って私は思っていたわけ。でも、魂の純度が上がれば上がるほど試験が難しいという仕組みがわかった途端、謎が解けたわけ。

そうすると今度はね――最終学歴のことだけど――いかなる災難、不慮の事故、トラブル、ありとあらゆることが起きても、驚き慌てず、常にクールで冷静でいられて、そして心は温かくて慈悲に溢れ、情熱に溢れ、つまり、心は温かく頭は冷静で、このバランスをいかなる状態でも保てるようになったら、「ハイ、卒業。もう生まれ変わる必要はありません」ってなるわけ。

次はあの世で弥勒菩薩のように、想念の世界だけで浄化すればいいの。ということがだんだんわかって来たわけですよ。

そういう目で見るといろんなことがわかるようになるのよ。スウェーデンボルグなんか読んでも、同じようなことがちゃんと書いてある。

　霊の世界ってどんな世界かというと、想念の世界なんですよ。自分が極楽に居ると思えばそこは極楽になるし、恨みや怒りを引きずっていると、そういう世界になるの。

　だから仏教でよく「引導を渡す」っていうでしょう。あれはね、人が死ぬ時に想念がそこでストップモーションになるの。死ぬときの想念が「あいつに裏切られた。悔しいー」ってなっていると、その想念がずーっとエンドレスになって回るの。だから「あなたはもう死んで想念の世界にいるんだから、自分の想念が即、自分の住む所となる。清く明るく美しい心になれば即、そのような世界に住むことができ、また、その逆にもなる。己の心映え次第である。地獄極楽は胸三寸にあり」って諭すの。これが引導を渡すってことね。

　生きている人間だって同じ。清く正しく優しく慈悲深く安らかな気持ちになること、これが仏に成るということ。つまり即身成仏。安らかな気持ちで人々を救って、功徳を積んで、いろんなノルマを果たして、点数かせいでご覧なさい。やることはいっぱいあるのよ。過去ばっかり振り向いて、泣いてばかりで、馬鹿馬鹿しい、っていってやるの。

エドガー・ケイシーはそれをやってたわけですよ。エドガー・ケイシーは身の上相談のおじさんだったのね。

――前世を透視して。カルマを見て、人生を指導したのですね。

美輪：あの人は人生相談の先輩ね。だから不思議でもなんでもない。お助け電話ってのがあるでしょう？　命の電話。あれと同じ。

それを変に宗教にしない。宗教と信仰は違いますから。

――先ほどのお話の中で、ふと疑問に思ったことがあるので、それについてお尋ねしたいのですが。

美輪さんが天草四郎の生まれ変わりだとすると、霊媒に天草四郎が降りてきて、それと語るというのはどういうことなんでしょうか。

美輪：あのね、一番わかりやすいのはね……たとえば、天草四郎が私として生まれ変わってきたのだから、本当は天草四郎はあの世にはいないはずでしょう？　ここに生まれ変わっているわけですから。

——ええ、そうですよね。

美輪：それはね、細胞分裂や核分裂なんですよ。これはね、スウェーデンボルグがいっているのと同じなんです。

初めはね、みんなゼウスとか、一つのエネルギー体だったの。それがどんどん核分裂を繰り返したわけ。だから世の中には似た人が三人いる、っていうでしょ。あれ、核や細胞分裂なんです。だから天草四郎が私だけじゃなくって他にも生まれ変わる可能性もあるわけ。ところが、天草四郎に聞いたら、そういう場合もあるけど、天草四郎の場合は私だけなんですって。

だからトロイの神が細胞分裂したのがいくつかあって、それが天草四郎なわけです。だから天草四郎があの世にまったくいないというわけじゃないんです。霊子が核分裂を起こして、その核の一つを私がもっている。その核がこの世を卒業すると、また元の霊子の群に融合する。そうすると、ノルマが一つ上がるわけですよ。つまりエネルギー体の純度が上がる。

――なるほど。

美輪：私も最初、私が天草四郎の生まれ変わりなら、あの世には天草四郎の霊はいないはずじゃないいか、って思ったんですよ。それが後で、「ああ、核分裂だ」とわかった。

あのね、転生には二つのパターンがあるの。一つは釈迦やキリストのように、高い魂が人類の指導のために生まれる場合。もう一つは、カルマを解消するために、学びのために生まれる場合ね。ほとんどの人は解消すべきカルマを必ずもっています。地球はカルマを学び、解消するための道場のようなところね。

編集後記——あとがきにかえて

おそらく本書を読まれた読者の中には、インタビューアである私がどのような目的でこれらのインタビューを行なったか、あるいはどのようにしてこれらのインタビューを実現させたか、ということに興味をもたれた方もおられることでしょう。そこで、インタビューが実現した経緯や、インタビューにまつわるちょっとしたエピソードを編集後記風にご披露することで、私のあとがきに代えさせていただきたいと思います。

本書を手に取られた方で、江原啓之さんをご存じない方はまずおられないでしょう。私もテレビで初めて江原さんの霊能力を拝見したときには、ものすごくびっくりしました。その頃の江原さんはまだ個人相談を受け付けておられましたので、すぐにある雑誌社の方を通じて紹介していただき、妻と二人で面談を受けました。その霊的透視の正確なこと。身内でなければ決して知るはずのない事実をズバリ指摘され、私も妻も「この先生は本物だ」と確信し、それ以来、わが家での江原先生の信頼は絶大です。

このインタビューでは、霊能力というものが具体的にどのように働くのか、また長年の疑問であった守護霊や先祖霊、また自然霊についても詳しくお伺いしてみました。この辺のことは、ケイシーのリーディングではあまり扱われていないために、私にとりましても大変参考になりました。

人間の道徳性・倫理性を育成するもっとも有効な方法は、霊的世界の実在を示すことではないかと思うのです。霊的世界があると知れば、人はおのずから悪を避け、善を志向するようになる。そういう意味でも、スピリチュアルカウンセラーとしての江原先生のお仕事は、これからますます重要になってくるのではないかと思います。

斎藤一人社長とのインタビューを会誌に載せた時は、さすがにいろんな方々から「一体どうやってインタビューさせてもらったの」と質問攻めに遭いました。なにしろ一人社長はマスコミや雑誌に一切登場されない方なので（今後も取材は一切受けないとおっしゃっておられましたが）、どうやって私のような者がインタビューに成功したのか、何か特別なルートでもあるんじゃないかとか、いろいろ詮索されました。その度に「神様にお願いしたら叶った」なんて答え方をしてはぐらかしていましたが、まあ、それもウソではありません。「斎藤一人社長のインタビューが実現しますように」と宇宙に祈ったことは確かですから。

しかし最大の要素は何であったかというと、われわれがエドガー・ケイシーを普及啓蒙する団体であったからだと思います。一人社長もケイシーには深い関心を寄せられ、そのケイシーを一途に普及啓蒙しているということで、特別にインタビューに応じてくださったのです。周りの人は「絶対無理だ」と口を揃えて断言していましたが、ケイシーの遺徳により実現したのです。ありがたいことです。

一人社長は、心と魂の法則を現実の生き方に活かす達人でいらっしゃるところがすごいですね。常識人とは発想の仕方がまるで違う。でも一人社長の話を伺っていると、「そうだよなぁ」と納得させられる。常識というものがわれわれの生き方をどれだけ消耗させているか、よくわかります。あとは自分の見出した法則を人生にどれだけ徹底できるかが、凡人と達人の分かれ目になるんだろうなぁと、一人社長とのインタビューを通じて実感しました。

船井幸雄会長は、直感力や創造性などを含め霊的存在たる人間の可能性を早くから追求され、物質科学にとらわれないスピリチュアルな考え方をきわめて精力的に社会に広めておられます。フナイ・オープン・ワールドや今年発足されたにんげんクラブミーティングなど、つねにスケールの大きい活動を続けておられますが、それを実現し、大きな成果に結びつけておられるところがすごいですね。新しい時代の到来を牽引するさまざまなテクノロジーの発掘・普及にも力を入れておられます。

船井会長は、エドガー・ケイシーの情報がまだ日本にほとんど入っていない頃からすでに原書を通して探求されたということですから、ケイシーの研究においても草分け的な存在です。私が大学の後輩ということもあってか、船井会長からはここ一、二年、特に親しくしていただいており、エドガー・ケイシーの普及啓蒙活動にもさまざまな形でご支援いただいています。

このインタビューでは、船井会長がケイシーを学ばれた経緯であるとか、現代においてケイシーをいかに普及啓蒙していけばよいかといった点を中心にお話を伺いました。それにしても、船井会長にケイシーの研究を勧められたのが哲学者の難波田春夫先生であったとは、今回のインタビューを通して初めて知りました。

葉祥明さんは数々の賞を受賞されておられる有名な絵本作家ですが、あの透き通るような作品、見る人の心を癒し、静寂にする絵本の背後には、人間の本性に関する深い洞察があるのだと思います。葉さんの絵本には、読む人の中に美しい心を育てたいという願いを感じます。

このインタビューでは、葉さんの絵の背景にある思想や、精神世界の考え方と実社会での生き方のバランスを取ることを中心にお話を伺いました。エコロジー運動をしている人にはその運動の意味を明確に知るためにエドガー・ケイシーを、精神世界にのめり込みすぎている人にはマザー・テレサを勧めるという葉さんの言葉に、精神世界の危うさも知る人の知恵を感じました。

先日、本書の出版の件で葉さんのご自宅に久しぶりにお電話したところ、「あ、光田さんね。そろそろ連絡がある頃だと思っていました」との返事をいただきました。私はてっきりPHP研究所から先に連絡があったのだろうと思ったのですが、お伺いしてみると、そうじゃなかった。なんでも数日前から急にケイシーを読み直したくなり、ケイシーの本を読んでおられたんだそうです。そしてなぜ今頃になってケイシーの本を読みたくなったのか考えていると、『あっ、これは近々光田さんから連絡があるな』と直感されたんだそうです。う〜む、葉祥明おそるべし。只者ではありません。

小松長生さんはプロフィールにもありますように東大卒の指揮者です。東大を卒業して指揮者になるなんて随分変わった経歴だなぁと思われたかもしれません。常識で考えればどこかの音大を出て指揮者になるのが順当なコースに思えるからです。でも小松さんは、その辺の発想がまったく違う。指揮者になることはもう5、6歳で決めていたそうですが、スケールの大きい指揮者になるためにあえて東大で哲学を学ばれ、その後、アメリカにわたって指揮者の修業をされた。ですから指揮者デビューもアメリカで、指揮者としての活動も国内よりも国外のほうが多いと聞いています。

小松さんが指揮をされるコンサートには私もよく足を運びますが、指揮台の上の小松さんは何しろパワフルです。指揮棒を振る小松さんの姿を見ているだけで、こちらまでエネルギーで満たされる感じがします。

小松さんは夢を通して、ご自分の前世の一つに戦国時代の武将のような過去生があると感じておられるそうですが、そういうふうに人生を眺めることができれば、生きることそのものがロマンに溢れてきますね。

先日、本書の打ち合わせもかねて久しぶりに小松さんご夫妻と食事を共にいたしましたが、会話の中で、ちょうど1年くらい前にご夫婦そろって米国エドガー・ケイシー財団／AREの生涯会員になられたばかりだと伺い、このタイミングでインタビュー集が出版されることをとても喜んでくださいました。

五日市剛さんは、イスラエル旅行での体験をまとめられた『ツキを呼ぶ魔法の言葉』がほとんど社会現象化しつつある方で、とにかく強運の持ち主です。しかも、その強運の源泉が、イスラエルの不思議なおばあさんに教わったという二つの「ツキを呼ぶ言葉」にあると聞けば、なおのこと会ってお話を聞きたくなります。

そんなわけで五日市さんのインタビューが実現できればいいなぁと思い始めた頃、なんという偶然か、私の叔父が横浜で五日市さんの講演会を開くことになったのです。こういう時の私は意外に強運なんですよ。さっそく親戚の特権をフルに活用して席を確保してもらい、五日市さんの講演を間近で堪能させていただきました。しかも講演会の後で直接お話させていただいたところ、ケイシーについても関心をもっていらっしゃることがわかり、その場でインタビューを申し込み、こうして実現した次第です。

インタビューのなかで五日市さんのご専門が材料工学であるとわかり、テクノロジーに関するリーディングに話が弾みました。技術者というのは自分の専門分野の話になると生き生きしてくるんですね。私も久しぶりに技術者魂が刺激されました。

五日市さんのお話は、「ありがとう」「感謝します」という言葉を常に口にしていれば必ず運が開けてくるという、一見ものすごくシンプルな内容ですが、それを本気になって人生に徹底できるかどうかが運命の分かれ道なんだと、五日市さんのお話を伺ってつくづく思いました。

吉元由美さんは、平原綾香さんのデビュー曲「Jupiter」の作詞家としても有名ですが、他にも杏里さんや山本達彦さんなど多くのアーティストに詞を提供されておられる20年以上のキャリアをもつ作詞家です。また小説やエッセイも手がけられ、特に若い女性に向けて、創造的な生き方を提案する著書を多数発表し、多くの女性達から幅広い支持を受けています。

吉元さんはケイシー流の夢分析を数年にわたり勉強され、それが創造的に生きることに役立っているということをいくつかのエッセイで書いておられましたので、インタビューではそのあたりのことを中心にお話を伺いました。

夢分析の手法はいろいろありますが、ケイシー流の夢解釈がもっともダイナミックで人生を変容させる力に溢れているという吉元さんの言葉に、私も大いに共感いたしました。

夢を活用する上で一番重要なことは、夢を人生を変容する種火としてしっかり受けとめ、人生に活かすことであるという吉元さんの姿勢には、夢に対して真摯に取り組んでこられたキャリアが感じられました。

美輪明宏さんといえば、エドガー・ケイシー研究の第一人者であった米国の心理学者ジナ・サーミナラ博士と対談されたこともあり、ケイシーの説く輪廻転生に通じておられるということを人から聞いておりましたので、以前から、いつかお話をお伺いする機会があるといいなあと思っておりました。そういう希望を周囲の知人に話していたところ、「そういうことだったら私が口を利いてあげましょう」とエイトスターダイヤモンドの田村熾鴻《たるひろ》さんが、このインタビューの機会を作ってくださいました。

美輪さんは、いまでこそテレビ番組『オーラの泉』の中で江原啓之さんと共に霊能力を披露されておられますが、このインタビューを収録させていただいたのは『オーラの泉』が始まる前でしたから、お話を伺いながら美輪さんの霊能力にまったくびっくりしてしまいました。

インタビューの前半では、美輪さんが霊の世界に関心をもたれるようになられた経緯や、前世の一つといわれる天草四郎の探求の様子などを詳しくお尋ねしましたが、途中からは美輪さん自身が優れた霊能者であることが私にもわかりましたので、後半は、美輪さんご自身が見出された前世とカルマのかかわりを、具体的な実例を通して教えていただきました。その実例の豊富で興味深いこと。私はインタビューアの役目を忘れて、ただただ感嘆するばかりでした。

自分の前世というのは単なる記憶に過ぎないと私は思っていたのですが、美輪さんのお話を伺っているうちに、前世は単なる記憶ではなく、それ自体が意識活動を維持していることが理解され、自分の前世が自分の守護霊にもなり得るという仕組みが、私にも納得できました。

以上、それぞれのインタビューのエピソードをご紹介いたしましたが、読者の中には、これら8人の識者が一致して高く評価するエドガー・ケイシーについて興味を覚えられた方もおられることでしょう。そういう方はぜひ、これを機会にもっともっとエドガー・ケイシーを学んでみてください。きっと皆さまの人生に何かしら意義あるものをもたらしてくれることと思います。

エドガー・ケイシーの業績の全体像を手っ取り早く知りたいという場合は、手前味噌ですが拙著『眠れる予言者エドガー・ケイシー』（総合法令出版）が良いでしょう。エドガー・ケイシーの生涯について詳しく知りたい場合は『永遠のエドガー・ケイシー』（たま出版）がお勧めです。またエドガー・ケイシーの説く輪廻転生論については古典的名著として『転生の秘密』（たま出版）があります。

エドガー・ケイシーについてさらに探求を深められたい方は、ぜひＮＰＯ法人日本エドガー・ケイシーセンターにコンタクトしてみてください。こちらでは会報やニュースレターの発行、講演会／セミナーなどを定期的に行なっています。

最後になりましたが、インタビューに登場してくださった諸先生方ならびに諸先生方とのご縁をつないでくださった多くの方々に篤くお礼申し上げます。また、本書の企画を推進してくださったＰＨＰ研究所ビジネス出版部の前田守人副編集長ならびにＰＨＰ研究所法人普及部の瀬田成俊氏に謝意を表します。どうもありがとうございました。

平成18年8月

光田　秀

巻末付録：エドガー・ケイシーの生涯と業績

ケイシーの生い立ち

エドガー・ケイシーは１８７７年3月18日、アメリカ中南部ケッタッキー州のホプキンスビルという田舎町に、農業を営む両親のもとに長男として生まれました。

ケイシーには幼児期から不思議な能力があったらしく、亡くなった親戚の姿を見たり、彼らと話すことができたようです。一人で楽しそうに遊んでいるケイシーを不思議に思った父親が「いったい誰と遊んでいるんだ」と聞くと、「この子達とだよ」と言って見えない友達を紹介したというエピソードも残されています。

ケイシーは8歳から学校に通い始めましたが、学校での勉強にはあまり身が入らなかったらしく成績はまったくふるいませんでした。そんなケイシーですが、一つだけ彼の心を捉えたものがあります。聖書です。ケイシーは9歳から聖書を熱心に読むようになり、67歳で亡くなるまで、毎年1回聖書を通読するという習慣を貫きました。

ケイシーは少年時代に2度、不思議な体験をしています。

最初の体験は彼が13歳の時に起きました。家の近くの雑木林の中でいつものように聖書を読み耽っていると、ある不思議な存在が彼の前に現れ、それ以来、彼は教科書を枕にして眠るだけでその内容を鮮明に憶えることができるようになりました。ケイシーはこの能力のお陰で成績をぐんぐん伸ばしました。

もう一つの不思議な体験は、彼が学校を卒業する15歳の時にあったといわれます。学校の昼休みの時間に校庭で野球をしているときでした。誰かの投げたボールがケイシーの尾てい骨に命中し、ケイシーは昏倒しました。そのときは外傷もなくすぐに立ち上がったので何の手当も行なわれませんでしたが、その後から異常な行動を取るようになりました。

突然ケタケタ笑い出したり、泥水の中で転げ回るなど、両親は息子の異常な振る舞いに肝を冷やしました。父親によって無理やりベッドに寝かしつけられると、彼はすぐに昏睡に陥りましたが、それもつかの間、ケイシーは急に威厳のある声でしゃべり出しました。「この人は背中にボールが当たったためにショックを受けた。この人を衝撃から救い出す方法は、特別のパップを作り、それを後頭部に貼ることだ」と。

眠れるケイシーはいくつかの薬草の名前を挙げ、それをぶつ切りにしたタマネギに混ぜてパップを作るように指示しました。両親が唖然として突っ立っていると、ケイシーはいよいよ厳しく彼らをせき立てました。

「急いで！　もしあなた方がこの人の脳に取り返しのつかない障害を与えたくないなら、いま述べたことをすぐに実行しなさい」

パップが貼られるとケイシーは深い眠りに入り、翌朝には、何事もなかったかのように目を覚ましました。

リーディング能力の発現

教科書を枕にして眠るだけで内容を記憶できる不思議な能力のおかげでケイシーの成績は伸びましたが、父親が農場を担保に始めた商売に失敗したこともあって、家の経済状態は悪化し、ケイシーは16歳にして働きに出なければなりませんでした。将来、医者か牧師になることを夢見ていたケイシーにとって、それはつらい選択でした。農場の手伝いから始まって、本屋の店員、靴屋の店員、保険の外交員など7年間のうちにさまざまな仕事に就きましたが、心の中には、牧師や医者になれなかったという挫折感が常につきまとっていました。

23歳の時、エドガー・ケイシーはその後の人生の流れを大きく変える転機を迎えることになります。過労が原因で失声症になり、声を失ってしまったのです。半年経っても回復の兆しはなく、ケイシーも自分の失声症は不治であると諦め、声を使わなくてもできる写真技師になりました。

声を失って1年が経とうとしている頃、同じ町に住むアル・レインという人物がケイシーに催眠療法を試すことを提案してきました。15歳の時にケイシーが示した不思議な能力を催眠術で引き出せるのでは、と考えたのです。ケイシーは半信半疑でしたが、1901年3月、アル・レインの自宅でその催眠実験が行なわれることになりました。催眠状態に入ったケイシーに、誘導者のレインが「声の出なくなった原因を述べなさい」と暗示を与えると、驚くべきことに、ケイシーは正確な医学用語を使って喉の状態を診断したのです。さらに「その治療法を述べなさい」と暗示を与えると、ケイシーは何の苦もなく治療法をスラスラと述べました。目覚めたケイシーは、自分が催眠中に行なったことを聞かされてびっくりしました。自分のまったく知らない医学用語を、催眠中の自分が縦横無尽に駆使して診断したのですから無理もありません。さらに驚くべきことは、その治療法によってケイシーは声を回復したのです。

後にエドガー・ケイシーが催眠状態で語ったことを「リーディング」と呼ぶようになりましたが、この催眠実験が、彼の最初のリーディングになりました。このことの重大な意義を見抜いたのは催眠術の歴史に通じていたレインでした。彼はケイシーが他人の病気も診断できるのではないかと思いつき、まず自分を対象にして実験を試みました。結果は予想通りで、ケイシーは問題なくレインを診断し、治療法を与えました。ケイシーの不思議な能力は次第に有名になり、多くの難病人がケイシーの催眠診断を求めるようになり、それによって健康を回復するようになりました。

人間の霊的本性を透視する

最初の22年間、ケイシーの不思議な能力はもっぱら病人の治療に役立てられましたが、46歳からは、実質上、いかなる質問にも解答可能であることがわかりました。医学の他に、物理や化学、電気工学、考古学、神学、心理学、政治経済など、さまざまな分野の質問がケイシーにもたらされ、そのことごとくにケイシーは有用な解答を与えることができたのです。これらのリーディング記録は現代に生きるわれわれにとってもきわめて重要な意義を有するものになっています。

ケイシーは１９４５年１月３日に67歳で亡くなりましたが、彼の業績はエドガー・ケイシー財団（ＡＲＥ）によって保管され、今日もＡＲＥを中心に世界各地で研究ならびに啓蒙活動が強力に推進されています。

エドガー・ケイシーの業績

催眠状態に入ったエドガー・ケイシーには実質上、解答不可能な分野はありませんでした。科学者には科学上のアドバイスを、政治家には高い政治理念を、人生に苦難に遭遇している人々には生きる勇気と希望を、難病で苦しむ人々には治療法を、心の病める人々には魂の癒しを、芸術家にはインスピレーションを与えました。そして67

歳で亡くなるまでの間に記録に残るものだけでも1万4000件以上のリーディングを行ないました。

ケイシーが亡くなってすでに60年以上が経ちますが、彼の残したリーディング情報はきわめて高い実用性と普遍性を備えているために、今日においても、われわれはそこから有益な情報を引き出すことができます。彼の病気治療に関する原理は「ケイシー療法」という名前で親しまれるほどしっかりと体系づけられ、現在も多くの病気治療に高い成果を上げています。またケイシーは生まれ変わりの具体的な姿を明らかにし、人間の本性が永遠不滅の高貴な霊的存在であることを示しました。彼の残した人間の霊的本性に関する情報は、今日の唯物的人生観を転換せしめるほどの重要な意義を有するものであります。

その他にも、夢の活用法や超古代史、人類の未来に関する予言、科学工学といったさまざまな分野に時代を超越した情報を残しています。かかる意味においてエドガー・ケイシーの情報は現代における福音であり、人生を豊かで充実させる知恵の宝庫であるといえます。

ある。そしてこのつまずきが体に病をもたらすのである。(538－33)

17日 食べ過ぎが飲み過ぎと同じくらい大きな罪であるように、考え過ぎは活動のし過ぎと等しく罪である。(341－31)

18日 ユーモアやウィットのセンスを磨くことはいいことだ。物事のこっけいな面すら見ることができるようになれ。(1900－1)

19日 仕事や労働に適切な時間を費やしたら、しかるべき時間をレクリエーションに費やすことだ。自分の体を美しくすることにもしかるべき時間をかけることだ。(3420－1)

20日 まず自分と共に生きることを学ぶこと。そうすれば、他人と一緒に生きられるようになるだろう。(5392－1)

21日 他人のせいにしている苦しみやトラブルの原因のほとんどは、実はあなた自身にあるものだ。そのことが理解されればどれだけ良いことか。(345－4)

22日 明日を思い煩うことも、人が何をするのか思い煩うことも不要である。あなたは、自分自身で行なったことに対してのみ責任と誉れがあるのであって、他人のことを気にしたところで何の足しにもならない。(3213－1)

23日 大切なのは、どれだけ知っているかではなく、自分の知っていることをどれだけ適用するかである。(323－1)

24日 あなたがどのような状況にあろうと、それは今のあなたにとって最も望ましい状況であることを忘れてはならない。(369－16)

25日 謙虚な心と、労働者の喜びをもって仕事に取り組むなら、平安と多くの祝福があなたのもとにもたらされるだろう。(900－16)

26日 何もしないより、何か行動して失敗するほうがよい。(262－126)

27日 心配事が心に浮かんできたなら、立ち止まって祈ることだ。(2823－3)

28日 今、理解できないことがあるからといって、それで心を疲れさせてはいけない。いつか、あなたにも理解できる日が来るのだから。そのことを信じよ。(5369－2)

29日 失望に居座られてはいけない。そのたびに立ち上がる人を、神は愛し支えて下さる。(3440－2)

30日 前進であれ後退であれ、そこには進展がある。大切なことは、動くことだ！ (3027－2)

31日 過ぎ去ったことは後ろに置いて行け。今、あなたがいる所から始めよ。(3674－1)

※（　　）はリーディング番号

巻末付録

エドガー・ケイシーが残した珠玉の言葉
(日本エドガー・ケイシーセンター編)

1日　愛においてすべての生命が与えられ、愛においてすべてのものが動く。(345－1)

2日　与えること――これが愛の法則である。それは具体的な働きかけであり、また強いるものでも、見返りを求めてする行為でもない。(3744－4)

3日　あなたが心で思うように、あなたの人生はなる。(2829－1)

4日　人生とは、その人が自分の人生に何をなすかという一事にのみ存する。このことを人は理解し、また決して忘れてはならない。(1537－1)

5日　魂がこの地球にやってくる目的は、魂が成長して〈創造の力である神〉の随伴者になるためである。(1641－1)

6日　自分の願いは成就されるという期待をもって事にあたるなら、その願いは本当に成就される。(456－1)

7日　あなたが自分自身で実行していないことを人に求めてはならない。あなたが自らの人生で実践していないことを決して人に要求してはならない。(1610－2)

8日　偶然に出会う人はほとんどいない。どの出会いも何らかの経験の機会である。(3246－1)

9日　他人の中に見出す欠点は、あなた自身の中にあるものの反映である。(452－3)

10日　あらゆる問題の答も、神の道を知る答も、常に自分の内にある。(2174－3)

11日　あなたの想像力をたくましくせよ。そうすれば、あなたが望むだけ人生は豊かで興味の尽きない経験になるだろう。(5251－1)

12日　人生に対する正しい考え方が健全に保たれていれば、食事と運動によってほとんどの病気は鎮静され、克服される。(288－38)

13日　自分の肉体に必要な癒しはすべて、自分の内に備わっている。(4021－1)

14日　注意を怠らず、トラブルが生じたときには、それを笑い飛ばすようであれ。(156-14)

15日　励ましたり、愉快にする言葉を誰にもかけなかったという日がないようにせよ。(1754－1)

16日　不安は、何によって生き、何を理想とすべきかまだしっかり定まっていないことから生じる。不安はつまずきの種で

【編著者紹介】
光田 秀（みつだ・しげる）
1958年広島県生まれ。京都大学工学部卒業。同大学院修了後、政府系研究機関での勤務を経て、エドガー・ケイシーを中心に、霊的哲理の研究、翻訳、執筆に専念。現在、日本エドガー・ケイシーセンター会長。
著書に『眠れる予言者エドガー・ケイシー』（総合法令出版）、訳書に『エドガー・ケイシーが示す愛と結婚の法則』『永遠のエドガー・ケイシー』『キリストの秘密』（以上、たま出版）など多数。

151-0053 東京都渋谷区代々木5-25-20
NPO法人日本エドガー・ケイシーセンター
電話 03-3465-3285　FAX 03-3465-3263
公式サイト　http://www.eccj.ne.jp/

賢者たちのメッセージ
エドガー・ケイシーに学んだこと

2006年9月12日　第1版第1刷発行
2007年2月13日　第1版第12刷発行

編著者　光田　秀
発行者　江口克彦
発行所　PHP研究所
東京本部　〒102-8331　千代田区三番町3番地10
ビジネス出版部　☎03-3239-6259（編集）
普及一部　☎03-3239-6233（販売）
京都本部　〒601-8411　京都市南区西九条北ノ内町11

PHP INTERFACE　http://www.php.co.jp/

印刷所
製本所　共同印刷株式会社

ISBN4-569-65483-5